自信、积极的读者能够利用自身的阅读技巧来保持对世界的热情和好奇心。

阅读力培养手册

成就孩子一生的阅读习惯养成法

静日 著

江西美术出版社
全国百佳出版单位

图书在版编目（CIP）数据

阅读力培养手册：成就孩子一生的阅读习惯养成法 / 静日著 . -- 南昌：江西美术出版社，2022.1
　　ISBN 978-7-5480-8422-8

Ⅰ. ①阅… Ⅱ. ①静… Ⅲ. ①阅读—习惯性—能力培养 Ⅳ. ① G792

中国版本图书馆 CIP 数据核字（2021）第 156584 号

出 品 人：周建森
企　　划：北京江美长风文化传播有限公司
责任编辑：楚天顺　朱鲁巍　　策划编辑：朱鲁巍
责任印制：谭　勋　　　　　　封面设计：韩　立

阅读力培养手册：成就孩子一生的阅读习惯养成法
YUEDULI PEIYANG SHOUCE : CHENGJIU HAIZI YISHENG DE YUEDU XIGUAN YANGCHENGFA

静　日 著

出　　版：江西美术出版社
地　　址：江西省南昌市子安路 66 号
网　　址：www.jxfinearts.com
电子信箱：jxms163@163.com
电　　话：010-82093785　0791-86566274
发　　行：010-88893001
邮　　编：330025
经　　销：全国新华书店
印　　刷：三河市燕春印务有限公司
版　　次：2022 年 1 月第 1 版
印　　次：2022 年 1 月第 1 次印刷
开　　本：880mm×1230mm　1/32
印　　张：7
ISBN 978-7-5480-8422-8
定　　价：36.00 元

本书由江西美术出版社出版。未经出版者书面许可，不得以任何方式抄袭、复制或节录本书的任何部分。
版权所有，侵权必究
本书法律顾问：江西豫章律师事务所　晏辉律师

前言 preface

　　毫不夸张地说，阅读确实可以改变一个人！而关于阅读的种种细节性好处，本书的开始部分已有所涉及，这里暂不赘言。

　　较之成人，阅读对于孩子的影响更为广泛、深远。因为他们正处于习惯养成期，良好的阅读习惯一旦建立即获益一生——无论个人品质、修养，抑或是自我学习能力、与他人互动等均能被那一本本书所塑造与改变。所以，如果单从教养孩子这一点来讲，家长若想省时省力且还能使孩子日渐优秀，最简单的方法是让孩子与书为伍。所以，书中开篇即喊出了一个充满着自信的口号——爱读书的孩子，绝不会是坏孩子！

　　要知道，所有的好书都具有教育功能。书中的教育理念容易在潜移默化中对孩子产生影响。所以，在孩子还是一张白纸时，及时给予一些读书方面的引导与帮助，会使其更快、更容易地通过书籍改变自己。书中就如何绕过阅读绊脚石、怎样帮助孩子制订阅读目标等为孩子及家长支招，还由浅及深地为每一位阅读者分析了即使是最客观的传记、历史、新闻等内容都有着最意想不到的"偏见"！

这看似与孩子还有些距离的阅读分析，其实正是为家长在亲子阅读的过程中能够教导孩子在阅读中逐渐养成独立思考的能力。我们需要用一本一本的书籍来帮助孩子成为一位不人云亦云的智者。谁不希望自家的孩子是个有智慧的人呢？但是，武装头脑需要一本书一本书地读下去，精神的丰富需要一点点地积累起来。因此，选什么样的书、用怎样的教育理念来帮助孩子从阅读中获益就显得极为重要了。所以，这本书的目的不仅仅是教给孩子几个简单的阅读技巧，更是指导孩子学会理解什么是思考性的阅读，进而具有较强的独立思考与自我判断的能力。希望每一个孩子都能通过阅读成为一个有深度、有想法的人！

目 / 录 contents

第一章 你所不知道的阅读秘密!

阅读的好处一箩筐 / 2

高效 ≠ 高速! / 9

不是没时间,只是在拖延 / 11

阅读习惯养成计划! / 15

你是多任务处理器吗? / 20

爱阅读的人容易犯的几个错 / 22

阅读自测 / 25

你的阅读级别在哪一个档位? / 26

第二章 创建阅读环境

舒适的阅读空间 / 30

如何拥有一个个性化的书架 / 35

阅读时听音乐，是提高了效率还是拖了后腿？ / 38

成立一个读书俱乐部，与朋友一起阅读 / 40

举办一场青少年图书交流会 / 44

图书馆日 / 47

第三章 如何准备阅读装备

清除阅读干扰 / 50

阅读前必做的7节注意力健身操 / 53

选择非同寻常的笔记本 / 57

活页夹——笔记收纳的最佳选择 / 62

便利贴——阅读中的大作用 / 64

用"随身笔记本"记下你遇到的好段子 / 70

笔记最喜欢的颜色 / 73

DIY 几张漂亮书签 / 78

测试 / 83

第四章 选书的小秘密

你能从书名中获得什么 / 86

为什么要了解作者的背景与经历 / 89

为什么阅读纸质书会比电子书更高效？ / 94

有了网购，为什么还要去书店？ / 99

创建阅读清单之前要做的事 / 101

如何从书籍的海洋中选你的"大鱼" / 104

提升阅读效率的排版 / 107

为何不能只依赖网络信息 / 110

有声读物与纸质书籍，读哪种更合适？ / 114

第五章 成为阅读"达人"

绕过阅读绊脚石 / 118

制订一年阅读50本书的目标 / 124

如何做到几个月后仍能轻松回忆阅读过的内容 / 125

如何略读 / 128

念书给父母听 / 132

阅读进度布告栏 / 135

读书与行动 / 137

挑战自己的阅读能力 / 138

制作"问题"索引卡 / 141

有趣的阅读活动 / 143

测试 / 145

第六章
如何成为阅读"超人"

训练1：接球 / 148

训练2：盯视 / 149

训练3：目光平移 / 150

训练4："8"字眼球移动法 / 151

训练5：舒尔特方格练习 / 152

训练6扫读 / 154

测试 / 156

第七章
读本好书,人生观都能改变

如何阅读一本文学名著 / 160

如何阅读名人传记故事 / 166

如何阅读历史书 / 171

如何阅读一篇新闻报道 / 174

如何读一本教科书 / 180

如何读一本无聊的书 / 184

第八章
如何做阅读笔记

为什么做阅读笔记? / 188

如何做阅读笔记? / 191

你需要学习的5种做笔记的方法 / 193

让你有机会发现更广阔世界的笔记——思维导图 / 200

年终阅读总结表 / 209

推荐名著 / 210

自信、积极的读者能够利用自身的阅读技巧来保持对世界的热情和好奇心。

我们的阅读目的是：

娱乐，进行想象的旅程，与他人建立联系，弄清楚如何做某事和了解历史、科学、艺术以及其他知识。

第一章

你所不知道的阅读秘密!

阅读的好处一箩筐

既然提到了"阅读的好处",那就必然涉及一个前提——必须喜欢阅读!如果你没有一点想要拿起一本书的兴趣,那么根本就体会不到阅读有多好。不过,为了使你成为"喜欢阅读"的人,我还是想先罗列一些阅读的好处。

阅读的的确确是一项非常非常棒的活动!美国著名阅读研究专家 吉姆·崔利斯曾这样说:

你读得越多,知道得越多。

你知道得越多,你就越聪明!

阅读就像一份可以让人开心的甜品。

如果你正在认真读这本书,那就已经开始品尝它了——

1. 阅读使你变得更好

常言说:爱读书的孩子,绝不会是坏孩子!经常且广泛阅读的孩子绝对会成为一个有内涵的孩子,这几乎是个常识性的结论,毋庸置疑!

2. 阅读可以锻炼我们的大脑

谁不希望自己聪明绝顶？美国埃默里大学的神经科学研究人员发现，定期阅读可以增强大脑各个区域的连通性，由此使大脑功能得以改善。也就是说，随着时间的推移，你阅读得越多，就会越来越聪明，因为你从书本中获得的知识会相互串门，互通有无！

3. 阅读可以提高注意力

如果你总是被老师批评为"多动""注意力不集中"的话，别灰心，找几本自己喜欢看的书开始阅读吧。这是不费吹灰之力的事，对不对？当你一次次被书中的内容吸引时，就会发现自己居然也可以静坐一小时！坚持多看几本书之后，你就会拥有专注做事的能力了。

4. 阅读可以让你不出家门就能了解世界

通过阅读描述不同文化和社会生活的书籍，你对世界的了解将更加丰富和广阔。也就是说，你将成为一个"有见识"的人！想想吧，当别人对某些问题闻所未闻时，你不仅知道而且还能侃侃而谈，这是多么令人羡慕的事情！

当然，你可能会说，看电视、上网也可以了解世界，为什么一定要通过阅读呢？问得好！这个问题的答案我藏在了下面的一个章节中，你如果能够耐心读完这本书，就一定能够找到它。

5. 阅读可以让你拥有一个词汇大宝库，成为说话好听的人

你知道我们日常用语中的词汇量是多少吗？一般的语言交流大多很简单，只使用了5000个基本词语（这是按英文单词统计的，如果转换成中文，就只有三四千个）。而生僻字很少出现，几乎每千字中才有可能出现9个。

即使是非常简单的童书中的生僻字都是日常用语中的3倍之多，报纸中的生僻字更是日常用语的7倍以上！

所以，现在你知道了吧，<u>阅读能不知不觉地为你的大脑词汇库存入很多很多的新词汇</u>。而且你还能在阅读过程中逐渐学会如何构造句子、如何有效使用词汇。

一篇关于"阅读对心灵有什么作用"的论文曾指出，阅读量直接影响小学四年级至六年级孩子的词汇知识。无论学业成绩如何，阅读都可以增强孩子的语言（和其他）能力。良好的语言表达能力也可以转化为实用的写作技巧。

这种本事一旦拥有，别人是不太容易赶超你的，因为这个是"蚂蚁搬家"的慢功夫，需要先读，先积累。这样，你就可以比那些不读书或读书少的孩子更好地表达自己，几乎可以"口吐莲花"！当然，如果你正处于认字阶段，在读故事时，记得将字典放在身边。

6. 阅读能让你成为最有想象力的人！

很多电影都是根据某个故事改编拍成的，但是阅读故事与看电影相比你更喜欢哪个？有可能是看电影，对不对？因为看电影更省事，更直观，有声音，有画面，还会动。但是，下次你可以试着先阅读故事再看电影。你可能会发现，<u>阅读故事的感受要比看电影好得多</u>！

因为阅读能带给你无限的想象空间。当你阅读时，大脑会将对人、地点和事物的描述与自己的生活经验相结合进而转换为图片。所以，一千个人就有一千种自我，"一千个读者眼中就会有一千个哈姆雷特"。而且在阅读的同时，你还会去想象角色的感受，用自己的经验去模拟相同情况下应有的体验。这就如同自己在短时间内过上了另一种不同的生活，这有多棒！不过，恐怖小说除外。

无论如何，阅读都为你提供了一个放飞想象的机会和空间，而你可以借助一段段精彩的文字，在自己脑海中创造一个新世界。

通过阅读，你可以成为探险家，从中看到世界的广阔与多样；通过阅读，你会在任何时候都能漫步在国外的小巷中，享受中东庭院中的薄荷茶；通过阅读，你能够安全地航行在辽阔的海洋中而不怕风暴袭来……

<u>读得越多，想象力就会越丰富，看世界的眼光也会不一样……</u>

但是！如果看电影的话，你的想象力就无从起飞了。小说中提到的红色房子，电影里就只有一种红色（要知道红色也有深红、浅红、洋红很多种）；阴沉的天空也会被导演设定。与阅读故事相比，看电影就仿佛在旁观一个正在进行的游戏，游戏再精彩，也没你什么事情。

7. 阅读可以使你更有同理心

研究发现，阅读小说可以使你更容易理解别人，增强猜测他人在想什么的能力。因为小说中的人物说什么、想什么都用文字呈现了出来，这就相当于你进入了不同人的内心世界。你能通过文字描述感受到哈利·波特孤独时在想什么，第一次进入魔法学院时有着怎样的感觉……你读着"哈利·波特"系列的每一个文字时，你就是哈利·波特。所以，你读到的人物越多，能体会到的情感也就越丰富。这其实就是一种想象的行为，被称为移情。所以，阅读会使你更轻松地与他人交流、沟通。

要知道，了解他人的心理状态是一种非常重要的技能。比如别人在生气时，如果你没有能力感受到这一情绪，还强求借他的作业本看，那你很可能就会成为对方的出气筒……

8. 喜欢阅读的孩子在学校的表现会更好

有一个好消息带给你：如果你觉得学校的课业学着费劲，那就赶紧增加阅读量，这是最省力的学习方法！我们已经有足够的证据证明，在所有学科的成绩测试中，<u>喜欢阅读的孩子的得分要比那些不喜欢阅读的孩子高</u>！

除了阅读，这些孩子的英语和历史等学科也很优秀。总体来说，喜欢阅读的孩子在学校里的所有表现都会特别好！

9. 阅读是最棒的游戏之一

你可能拥有很多好玩的玩具。但是，你知道吗，世界上最有魔力的玩具就是——书！因为它能让你玩着玩着就逐渐变成了一个有内涵、有学问、有修养的人。请问你其他的哪一种玩具能有这样的魔力？

更重要的是，它们不会占用你太多空间，可以随拿随读。如果书包中有一本你喜欢的书，那就意味着你永远都不会孤单或无聊。无论你在排队，还是久等那个总是迟到的伙伴时，你的身边都会有一个有趣的故事陪着你一起等，让你忘记了时间的流淌。如果你经常听到有人总叫喊着"哎呀！好无聊啊"，那他百分百不是个爱阅读的人！

10. 阅读是最好的放松方式

也许你会觉得看电视、上网、玩电子游戏也能放松啊！真的吗？事实上，电子屏幕上那闪烁到你几乎不能觉察的光点和游戏机的噪音时刻都在轰炸你的感官，使你的大脑需要不停地工作以调整视觉、听觉来适应那些频闪、声音，以及不断变换的颜色和画面。所以，实际上这样的娱乐方式反而增加了大脑的工作量，让它更累。

但是，读一本书的效果却截然相反。阅读时，你自己就会先安静下来，白纸上的黑色字样静止不动，我们眼睛的移动速度由大脑自己掌控，当它不需要去额外应付声音及变化的图像时，工作起来自然特别轻松。

11. 阅读可以让你成为"预言家"

阅尽千本书，如同经历了上千个人的生活，你自会拥有上千个人的知识与经验。这也就意味着生活中很多事情都已经在很多书中描写过了。所以，如果你看得书足够多，就会在现实中找到更多的重合点，事情的发展轨迹你已能提前得知。因此，当你看世界、看人、看事的角度变得极为广阔，且有多个知识点支持你看待一件事的时候，你就能够以一种预见未来的眼光看穿很多人、很多事的本质，知道该如何与之相处及应对。也就是说，阅读能让你变成一个"预言家"！

12. 阅读让你有机会成为"文字侦探"

阅读大量小说类的文学作品还能够提高你的鉴别能力，使你有机会通过文字分析出作者的个性及其心理变化等。

听说过"见字识人"这种事吗？现实生活中就有这样的"文字侦探"。

有一位学者名叫唐纳德·韦恩·福斯特（Donald Wayne Foster）。他原本研究的是莎士比亚的文本分析。在研究过程中，他学到了一个本领——能够通过文字分析，核对作者的身份。后来他果然成了一名"文字侦探"，还曾通过文字风格的分析协助 FBI（美国联邦调查局）侦破了很多重要案件呢。

13. 阅读可以培养创造力

关于这一点，你不用怀疑，因为已经有很多实例证明了它的真实性。其中，世界闻名的企业家埃隆·马斯克（Elon Musk）就是最好的例子（知名的特斯拉汽车公司就是他创办的）。马斯克是4家多元化科技公司的创始人，他为现代社会所面临的许多问题提出了创新性的解决方案。特斯拉电动车就是在他的领导下生产的。

马斯克之所以能有如此多的创新想法，与他自幼就是个狂热的阅读爱好者有着密切的关系。他9岁时，就已经能够一年阅读50多本书，有时甚至可以沉潜于书籍（包括《大英百科全书》）长达10个小时。成年之后，他的阅读范围愈加广泛，涵盖了诸如小说、哲学、宗教、编程、科学家传记以及物理学、工程学、产品设计、商业、技术和能源等各种各样的主题。如此多元的阅读内容成为他发展创造力的原动力。

14. 阅读可以使你晚上睡得更好

一旦阅读成为你上床后的睡前习惯后，你的身体就会逐渐确定一个信息："哦！阅读完我就该睡觉了。"这样大脑就会启动睡眠模式。它先调集一部分注意力让你全身心沉入文字中，这样也避免你躺在床上因为胡思乱想而辗转反侧睡不着。之后，大脑便在阅读中慢慢放松……然后，你读着读着就直接呼呼大睡了。~

这个办法特别有效，治好了我的失眠症。每逢入睡困难时，我就会拿起一本科普类书籍读几页（这样的内容多属说明文，不会有小说那种吸引人的情节，读久了更容易犯困），最多半小时后，我的眼皮就开始打架了。

不过，有一个重要的提示我必须要告诉你：我们提到的睡前阅读指的是阅读纸质书！只有纸质书才具有催眠神效！手机、电子类阅读器或者笔记本电脑等发出的蓝光不仅能够损坏视网膜，而且它们那些不易察觉到的频闪也会令大脑再次兴奋，反而更易使人失眠！

15. 阅读可以激励你

阅读励志书籍可以促进你的成长和发展。一些鼓舞人心的书是积极向上的。如果你觉得不开心了，只需阅读一本鼓舞人心的书，就可以从精神上焕发新生。

瞧！我一口气为你罗列了这么多阅读的好处，但是，想要知道苹果的味道，你必须得亲自尝一尝。希望这个"大苹果"的滋味足以引出你的馋虫，并使你欲罢不能，一口口吃成个阅读"小胖子"才好。

回顾：

你能用自己的话说出阅读都有哪些好处吗？

—— 高效 ≠ 高速！——

阅读并不仅仅只是认完书本上所有的字即可，其目的是从看过的每一本书中获得一些东西：或知识，或趣味，或技能……所以阅读时必须要讲究一些效率。可是，很多人一看到"高效"两个字，就以为"高效"即是快速阅读，这是一个极大的误解。

"高效"不等于"高速"！要知道，多数情况下，我们都无法让书中的内容长久地存储在大脑的记忆区中。如果一天读了10本书，其内容却都如过眼云烟，那么这样的阅读速度毫无用处。所以在你成为阅读"达人"前，我必须要提醒你这一点。

我们所说的"高效"是指阅读的有效性，<u>强调的是理解力而非速度</u>！

比如：你是不是经常在阅读某书时发现自己几乎看完一整页了，却根本没理解作者到底在说什么？

另外还有一个更常见的坏情况——

你有没有发现自己在读完某本书的若干天后，再次拿起那本书，却好像从未读过似的！

如果我说的这两种情况你都曾遇到过，那么，我可以非常肯定地告诉你，你的阅读效率很低！

一本书读完后，你不仅能从中获益，比如另类的思维模式、非同寻常的写作风格、耳目一新的观点、别致的审美感受……而且，还能将大部分的内容保存在记忆中。只有这样，我们才真正达到了高效阅读的目的。

相对的高效阅读可以帮助我们减少阅读的时间长度，让我们在有限的时间内阅读更多书籍，但我们所使用的方法绝不仅仅只是让视线在页面上快速地移动。不！绝对不是！我们的"快速而高效的阅读"是有阅读策略、技巧的，而且方法很多，足以让你在不同情况下找到适合自己的方式。这些阅读策略，我会在后面的章节中全都"泄露"给你。

现在，我们先来做个自我测试吧。如果你能把每一个问题都认真思考一下，我相信你会重新看待自己的阅读习惯。了解自己才能做出最有效的调整。

（1）你喜欢读什么类型的书？告诉我关于它的一切。

（2）你最喜欢的书是哪一本？为什么？

（3）你最喜欢在哪里读书？描述一个特别的阅读场所。

（4）你有最喜欢的系列吗？它是什么？你为什么喜欢它？

（5）你喜欢小说还是非小说类的读物？

（6）关于阅读生活，你还有什么想和我分享的吗？

（7）阅读对你来说有什么困难吗？

（8）作为读者，你有什么需要学习的吗？

（9）你喜欢下列哪类书？勾出你最喜欢的。如果你不知道某种类型的书，就跳过它。

神秘、冒险、动物、传记、诗歌、奇幻、幽默。

回顾：

高效阅读的同时，阅读速度也会随之提高，你觉得对吗？

—— 不是没时间，只是在拖延 ——

你一定存了厚厚的一摞已经被你放了很久却还从未被翻开过的书吧？嗯，我也有！而且，我每次看到它们时，总会对自己说：唉！我好想现在读它们啊，可是我得马上去工作啊，只能再抽时间读吧。于是，这些书只好继续在书架上静静地等着我，很久很久……

其实，我的时间真的那么紧张吗？显然不是！我有时间翻阅手机新闻，我有时间闲逛，我有时间和朋友聊天，我有时间……

但是，为什么我就不能挪出些时间来读一两页书呢？

我自我反省的结果是：<u>没有形成阅读惯性！</u>

你一定听说过这样一个定律：<u>27天形成一个习惯！</u>

所以，如果我想要具体阅读某一本书，我必须要一天一天地积累这些时间，直到27天后，我就能够成功地形成一种一有空闲就会拿起一本书读几页的好习惯。

但前提是必须要从第一天、第二天、第三天……一天天地开始。而这其实就是我需要调整的地方！我的27天阅读习惯养成计划从下面几步开始：

※STEP 1：

必须从源头上掐断我的一些言行习惯，比如：

1. 绝不再说"我以后会读……"这样的话，连想都不能想！

我常常拖延的一个主要原因是，我对未来要完成的这个阅读任务抱有非常乐观的态度。这种乐观可能涉及两个主要方面：完成任务所需的时间量；完成任务的内驱力。

例如，我之所以总是将阅读计划推迟到几周后，是因为我觉得来日方长嘛，以后总会有足够的时间去完成它。其实，在多数情况下，这种乐观态度是由于我低估了读完一本书所需的时间而导致的，这种现象被称为"计划谬误"。它导致阅读拖延症患者认为自己将比实际情况更早地完成阅读计划。这有点像我们总是错误地预估写完假期作业的时间。我们之所以经常要将假期作业拖到假期快结束时写，是因为心里总认为会很快就能写完它们，所以急什么呢。可事实上，没有一次预估是准确的!

其实,看到哪本书想读的话,立刻拿起来开始读好了,这又不费什么力气。重要的是——我要拿起那本书,开始读!

2. 绝不再让自己产生"如果现在看书的话,我的工作/学习会被耽误"的想法!

其实,如果每次工作之余,只看五六分钟的书,根本不会对我的工作有任何影响。但重要的是——我已经迈开了阅读的脚步!

3. 绝不再产生"如果读,那就得整本全读完"的想法!

其实,我不需要预先为这本书下定义。我只需要开始读,至于以后读到哪里,那就读着瞧呗!也许一下子就能读完,也许读到半截停下了,那又有什么关系呢?重要的是——我已经读它了。

4. 绝不再为手机上的无聊信息浪费时间!

其实,手机上70%的信息都是无效信息,比如某某明星的婚礼视频(他/她结不结婚和我有什么关系),某某吃了一大锅辣椒(这有什么价值吗),某某走路被风吹倒了(这又怎么了)……而我却将一天仅有的24小时中的几个小时用于此,这是多么愚蠢啊!如果我把看手机的时间换成读一本书,我的收获将是可以预见到的!

※STEP 2:

我还要跟踪一下自己一周的时间安排,看看我的时间都花在哪里了,这样才能充分将我的碎片时间用于阅读一本书。为此,我做了一张"一周业余时间利用表"。在它的督促下,我能够不断地将自己的业余活动调整得更为有效且丰富。这张表格我也推荐你用一用,绝对有帮助!

一周业余时间利用表

	星期一		星期二		星期三		星期四		星期五		星期六		星期日	
	保留	调整	保留	调整	保留	调整	保留	调整	保留	调整	保留	调整	保留	调整
早晨														
上午														
下午														
晚上														

※STEP 3：

为自己制订一个更加具体明确的阅读目标。

我之所以拖延是因为我的目标定得太过模糊或抽象了，比如"我要开始阅读"，这样的目标就有些模糊，因此给了我拖延的机会。"我要明天开始阅读"或者"我要下周开始阅读"都是"开始"，不是吗？所以，我重新设定了我的读书时间——

上午10：00—10：10

下午3：30—3：40

晚上9：00—10：00

它是如此具体而明确，而且每一个阅读的时间段也不长，我没有理由完不成。所以，看到如此容易就可以做到，我再采取行动时也就没有任何心理障碍了。

回顾：

清点一下你的书架，看看哪些书还没有读，买了多久了？为什么还没有读完呢？

—— 阅读习惯养成计划！——

成为"阅读超人"的第一步就是你必须得有一个持久的"阅读习惯"。只有天天读书的人才有机会练成一个"阅读超人"。这就如同你想成为短跑健将，就必须天天去跑才行。所以，我们先来清点一下自己是否具备如下成为"阅读超人"的特质：

1. 每天阅读

你每天是否有几个固定的时间段用于阅读？

即使是固定的5~10分钟也算。在这个固定的阅读时段内，无论发生任何事都不能阻止你的阅读行为，比如早餐、午餐、晚餐以及上床睡觉时都可以成为你的阅读时间段。如果你每次阅读超过10分钟，也就意味着你每天将拥有约40分钟的阅读时间。这是一个很好的开始，是一个很好的每日阅读习惯。

2. 随身携带一本书

无论去哪里,你是否都随身带了一本书?

我们的日常生活习惯之一是在出门时不仅要拿钥匙,还要拿起智能手机,现在请再加一件出门必带的物品——书。这本书会和你一起去往几乎所有你去的地方。当你在排队或等餐时,用来消磨时间的方法只有一种——阅读!

3. 减少电视或网络的干扰

如果你真想读更多书,那么一定没什么时间浪费在电视或网络中吧?这对许多人来说可是很难做到的,不知你的情况如何?

4. 图书馆日

你每周都会去一趟图书馆吗?

要知道所有爱阅读的人都不会放过那个拥有海量藏书,又不用花钱就可以拿书回家的地方。当然前提是,你要办理图书(借阅)证。

5. 让阅读时间成为一天中最享受的时间

你有什么阅读仪式吗?

比如为自己准备一杯饮料什么的,然后坐在一个舒服的角落,在日出或日落时阅读。

6. 在网上分享阅读心得

每个人都有把自己喜欢的东西晒给别人看的小欲望。你每次读到一本好书,有没有试着将它分享给网友呢?那样你会获得许多与你志趣相同的朋友的关注与评论。

7. 设定一个高起点的阅读目标

你为自己的阅读计划设定过目标吗?

比如告诉自己今年你准备读50本书(或者其他类似的数字)。习惯阅读的人都明白，拥有阅读目标，读起书来会更有成就感。关于这一条，我会在下面一个小节中专门讲讲设定目标的具体方法和好处。

8. 为每本书设定小目标

爱读书的人还习惯对自己所读的每一本书设定一些小目标。例如，可以挑战自己在一个小时内能否阅读完一本书的50页！每完成一次就将目标设置得更高一些，这样你的阅读量与阅读速度都会有所提升！

9. 借入更多的书

如果是从图书馆借书读，那么读的书一定会比你买的书多！因为你会觉得不久就需要归还的这些有形书籍无论如何都得看两眼，这样一来，你的读书量自然会"超标"！

10. 一次读一本书以上

也许你以为一次阅读一本书才对，不对！其实读书如同与人聊天，我们平时可以同时跟三五个人各有所感地发表一下自己的见解，那为什么不可以用在你的阅读上呢？而且你一天里也会同时阅读好几门功课的课本，不是吗？

另外，有些书适合夜间阅读（例如小说），而有一些书（例如百科全书）则适合在上下学途中阅读。所以，热爱读书的人往往会根据书的"个性"选择不同的阅读方式与时间段，这样便可以在一天里同时从好几本书中获益。

11. 为兴趣阅读

虽然我们确实应该丰富自己的阅读领域与广度，但是任何时候都还是要照顾一下自己的兴趣点的，毕竟兴趣是阅读的原动力。所以每次阅读时，可以额外选两本自己喜欢的书，再选一本自己比较好奇的，这样总体上都是根据自己的兴趣和喜好而阅读的。而且"2+1"的选择法会让你发现自己的阅读兴趣越来越广泛。因为很多你从前还不知道它很有趣的领域就隐藏在那个"2+1"的"1"当中哦。

12. 将同一本书放在所有可以阅读的设备上

在所有设备上同步同一本书，这样在一天中你就可以随时都能阅读到这本书。比如在等车或坐车时，可以阅读手机中的《哈利·波特》；走路时，听几页有声版的；下课休息时，再拿出纸质版读几页……这样一来，在一天结束时，你会发现虽然每个阅读时间段都不算太长，但是几个时段加起来你已经轻松阅读了至少20页！

13. 最佳阅读时间

你知道一天中最有成效的阅读时光是什么时候吗？上午十点左右。对！此时的大脑已经完全清醒，精神头最为充足，光线也最好，确实是阅读的黄金时间！不过，还有一个时间段也非常不错，那就是晚上入睡前！此时由于我们已经彻底结束了一天的学习，身心最为放松，所以，在拿起自己心爱的读物时，大脑可以很轻松地保留更多的阅读内容。

14. 停止阅读网络随机推送的内容

如果你想腾出更多时间用于阅读书籍，那就必须减少其他活动的时间，毕竟一天只有24个小时可供分配。除去学习、吃饭、睡觉所用的时间，可以用来阅读的时间少之又少。如果稍不注意，你的阅读时间就会被无数网络随机推送的无聊内容偷走。所以，聪明的读者除非学习必需，一般不会轻易去网上漫游，尤其是浏览手机上的网络媒体！

15. 回顾去年的阅读量

你可以和过去的自己竞赛，回顾一下去年自己读了几本书。5本？10本？无论几本，请将这个数字用红色笔醒目地写在一张大纸上，然后再换一种颜色在另一张纸上写出自己今年准备阅读的量，比如30本或50本。

将这两张标有阅读量的便利贴贴在你的桌前。每读完一本，就在预读总量旁边将新的实际阅读数量记录下来。一年结束时，你就可以直观地知道自己所阅读的书是否有所增加。

16. 练习速读

尽管我们推荐你阅读这本书的目的是帮助你更好地提升阅读效率而并非单纯加快速度，但毋庸置疑的是，较快的阅读速度也确实是阅读中的一个强有力的技能。如果你想在短时间内阅读更多内容，就必须通过多种速读方法来训练自己。本书也简要地介绍了几种能够提高阅读速度的方法。只要坚持练习，阅读速度真的会越来越快的。

回顾：

你觉得自己最好的阅读习惯是什么？

——你是多任务处理器吗？——

自从有了智能手机后，我的阅读习惯越来越趋向于一会儿看看手机，一会儿读几页书的状态，这样同时阅读两种不同媒介内容的行为使我深受其害！

因为手机中的内容是碎片化且非固定式的，我翻阅手机时，大脑需要不停地从我的阅读中将那些无效信息过滤掉。但是因为无效信息实在是太多了，所以大脑耗时很久也得不到多少有用的东西，它就开始不再重视"读"这个工作，于是指挥着眼睛不要那么认真地一个字一个字地去读了，大致浏览几行就算了。

可是，这样的指令也就直接影响到了我阅读纸质书的效果。因为，当我的眼睛再次回到书本上时，它们还在执行着"浏览"的命令，结果可想而知，我的阅读整个就被"毁掉了"！而且，这样同时在两种阅读媒介上切换的行为几乎使我的注意力集中度溃不成军，这也就使得我越来越无法长时间好好读完一本书了。

也许你会特别骄傲于自己拥有可以同时处理多项任务的能力。但事实是，你的大脑没有你认为的那么能干，它实际上无法同时执行两件不同的任务，也就是说，大脑一次只适合做好一件事。你以为的同时做两件以上事的能力，只不过是大脑加快了切换任务的速度，而这个过程使得它的能量被严重分散，更容易疲劳，效率更低。这也就是为什么老师们总是不厌其烦地叮嘱我们"一心不能二用"！

一项研究表明，一个人在工作或学习时如果被打断，就会需要更长的时间才能完成该任务,而且犯的错误也大约会是其他人的4倍。比如,你一边阅读一边听取手机留言时,大脑额叶会加快运转的速度,让注意力在书本与手机之间来回切换。但是,每切换一次,你都必须重新找回刚才的思绪,才能继续阅读。

为了验证这一问题,研究人员在美国联邦航空署(FAA)和美国密歇根大学进行了一系列的研究。他们让年轻人做不同难度的计算题和几何题,并记录他们的核磁共振。结果表明,在同等条件下,处理多重任务比单独解决问题花费了更多的时间。

美国卡内基梅隆大学的另一项研究也发现了类似的结果。他们让学生在完成语言类题目的同时,头脑中要闪现出三维立体图像。最终,题目的准确度虽未受影响,但完成的速度却慢了很多。与分别完成这两项任务相比,同时完成所需要的时间则更长。此外,大脑中相应的语言和图像区域激发的注意力比单独完成任务激发的注意力要少很多。"一心多用者在多任务处理的各个方面都很糟糕。"而且,如果你经常处于一心多用的状态,那么注意力集中的能力必然会越来越弱。

所以,在这个注意力普遍不易集中的时代,在这个智能手机成为阅读主导的时期,我们必须要比从前任何时候都用心、努力集中注意力!

"一心不能二用",经典的唠叨永不过时!

回顾:

除了接打电话外,你能坚持一天都不看手机上的任何消息吗?

爱阅读的人容易犯的几个错

没错！读书越多，我们对世界的认知也就越全面。可是，当我们成功地将自己变身为一个名副其实的"书迷"后，有几个误区你一定要避免哦。

1. 总想一口吃成个大胖子！

当你知道多读书居然会有那么多好处时，恨不得让自己一夜之间就能够学富五车！在如此焦急的心理影响下，你的阅读过程很容易变得浅尝辄止。熬夜翻完厚厚的一本书后，一觉醒来，头昏脑涨，能记住的又是屈指可数。几本书之后，依然收获寥寥。这样没有成就感的事做过几次之后，原本对阅读满怀热情的你可能会因此觉得读书挺没意思，进而放弃原定目标。

这就如同你想将三天才能走完的路程压缩成几个小时就到达终点一样不切实际！焦急的心理使你只关心目标，却忽略了沿途的美丽风景。

要知道，阅读不仅需要一颗平静的心，也能让一颗焦躁的心归为平静。安静地关注每一页的收获，才能将其积累成财富。而且，你也会从阅读过程中发现，与焦急的心理相比，安静会让你体会到更多的读书乐趣。

2. 缺乏系统性

阅读广泛是每一位"书迷"的优点。然而有些"书迷"却发现虽然读了一堆书，但怎么还是觉得自己不够渊博呢？这里你要注意

"渊"这个字，它有"深"的意思。读书不是为了"多"，而是为了"精"。这与我们在前面所提到的阅读需要"高效而不是高速"是一致的。

如果今天和学历史的朋友聊天，回来就读本历史书；次日又从植物爱好者那里得到点兴趣，马上又读一本植物学的书；后天又听说某本游戏类的书也挺有趣，立刻买回来……瞧！读书如蜻蜓点水，虽然书读得挺广泛，可是因为每个领域只读一本书，其实就是只听到一种声音。要知道作家的观点无论多好，也只是一家之言，每个学科的知识都在不断发展，随着时间的变迁，它们都需要最新的数据来补充。

你一定听说过那个虽然有些老掉牙，但却永远有道理的老故事——《盲人摸象》。每个盲人都摸到了大象的一部分，可谁也无法完整地说清大象到底长什么样儿。如何才能完整地知道大象的长相呢？"系统"！读书必须要做到全面而系统！

如何才能成为有系统性的"书迷"呢？

我的建议是以某专业的教材为参考，按照那个框架去寻找适合你阅读水平的书籍，然后以平静的心态一本本读完。如果你愿意更随意一些，那么，每个领域的书籍你至少应该选择10本以上。到时候，你就会成为某领域的半个小"专家"，也许都可以在课堂上为你的老师提供知识补充了呢。

这样读的好处非常明显，因为学科都具有相通性，你花时间研读过的某个领域都不会孤立，它们都能帮你在其他学科中获得更好的理解与支持。

3. 骄傲的态度

与焦急的心态相比，骄傲的读书态度可能危害更大。这样的心态在成人中很常见。有些人总是瞧不起作者的观点，还没有读一本书之前，他们就已经把那位作者以及他/她在该书中的观点先入为主地审判了一遍。他们总想在翻开第一页时就能找出作者的种种不足，并就此将其批判得一无是处，以此证明自己的思想要比作者更高明。这种骄傲的心态最大的作用就是使其错过更多精彩。

所以，对于初学阅读的我们来说，在读书之前，最需要想到的只有一件事——和作者对话，同时以学生的态度向其学习，以学生的态度向作者请教。

如果再将我们自己想象成作者就更好了，这样就可以从作者的角度融入他们的文字氛围，这将有助于我们进一步理解作者写作一本书的意图和观点。

4. 虚荣的读书目的

读书不是为了拥有高人一等的感觉，更不是为了在人前夸夸其谈，或者仅仅是装饰门面，而是为了做一个学识渊博、内心充实的人。

读书是一种人生的旅行，尤其对于刚开始拿起书本的你来说，这样的旅程不需要走得那么着急，慢慢走下去就是了。

回顾：

你觉得每个领域的书籍至少读多少本才合适？

阅读自测

（1）~（4）浏览的习惯及能力：

（1）你每天看报吗？

（2）你开始读一本书时是否感到困难？

（3）你是否先翻阅再进行详读？

（4）你阅读时，是否不理会表格、图片等？

（5）~（8）提问的习惯及能力：

（5）你是否只对你感兴趣的书籍才能集中注意力？

（6）你是否做摘要并对所读的内容提出问题？

（7）你是否经常去图书馆？

（8）同一学科的书，你是否会多读几本？

（9）~（11）精读的习惯及能力：

（9）你阅读时有无退步的倾向？

（10）当你读到一个不懂的字时，你会去查吗？

（11）你是否发现在一本书里有许多内容让你不明其意？

（12）~（13）复述的习惯及能力：

（12）你了解多数你读过的书吗？

（13）你读过的大部分书是否在一两个星期内便忘记？

（14）~（20）速读的习惯及能力：

（14）你是否每星期至少读4本书？

（15）你读一页书平均是否要花一分钟以上？

（16）你阅读的速度是否随文字的难易而不同？

（17）你是否略读或跳读？

（18）你是否一个字一个字地读？

（19）你阅读时在脑海中是否听到了字的发音？

（20）一般来说，你喜欢阅读吗？

答案：

（1）（是）（2）（否）（3）（是）（4）（否）

（5）（否）（6）（是）（7）（是）（8）（是）

（9）（否）（10）（是）（11）（否）（12）（是）

（13）（否）（14）（是）（15）（否）（16）（是）

（17）（是）（18）（否）（19）（否）（20）（是）

如果你的回答与答案不符，就表示你需要再加倍努力哦！

——你的阅读级别在哪一个挡位？——

通常，阅读的速度与年龄的大小成正比。通常在小学前三年的这段时间里，大脑受生理发育的影响，其快速启动和连接其他神经的速度有限。因此如果出现以下现象，都属于正常情况。

理解习语、推理和笑话有困难

从左到右跨页面跟踪速度慢

阅读时容易出现头晕、头痛等不适（而家长和老师常常以为那是偷懒的表现）

区别发音相似的字母和字词易出现问题

理解文字意义有困难

但是，到小学四年级的时候，大多数接受过阅读和写作训练的孩子的大脑已经形成了强大的相互连接的网络（即神经网络），这些网络通常会在"后台"运行，不需要太多有意识地努力就能很顺利地完成阅读任务。

下面列出的是一个发育及教育成长背景正常的孩子应该达到的阅读水平。你可以参考其中的内容来看看自己是否达标或超标。

小学低年级学生（6~7岁）：

学习拼写规则

不断增加词语的读认数量

提高阅读速度和流利度

根据上下文线索来表达和理解不熟悉的字词

反复阅读不理解的字词或句子

将正在阅读的内容与个人经历、已阅读过的其他书籍以及生活联系起来

小学高年级学生（8~10岁）：

三年级，从学习阅读转变为阅读学习

准确阅读多个音节的词和短语

了解有所帮助、无助和无益的词

出于不同目的阅读（用于娱乐、学习新知识、找出方向等）

探索不同体裁

描述故事的背景、人物、问题/解决方案和情节

识别并总结故事中的事件发生顺序

确定主要主题，并可能开始确定次要主题

通过根据文本和已有经验中的线索进行推断

比较来自不同文本的信息

回答有关文本的问题时,能参考文本中的证据

了解明喻、隐喻和其他描述性语句

中学生和高中生:

不断扩大词汇量并阅读更复杂的文本

分析角色如何发展,彼此互动并推进剧情

确定主题并分析其在整个文本过程中的发展

使用文本中的证据来支持文本分析

识别文字中的意象和象征

分析、总结和评估文本中的想法

了解讽刺、暗喻的区别

按照书籍内容来讲,阅读的层次则可以分为:

基础阅读(识字,基本明白字面意思);

检视阅读(快速浏览全书,对于全书有一个整体把握);

分析阅读(理解作者意图、判断观点);

主题阅读(从某本书的主题或某一话题引申去读相关资料,并不断延伸)。

第二章

创建阅读环境

舒适的阅读空间

1. 亲手为自己布置一个"最酷的读书小天地"

自己的阅读区域当然是自己说了算。怎么装饰、摆什么书自然也是依着个人的喜好去进行,所以如果能够亲手为自己设计一个舒适且有趣的"XXX的读书小天地"的话,你就已经为自己提供了爱上书籍和阅读的基本条件。坐在这个自己亲手布置出来的阅读空间中,会让你觉得特别有成就感!这个有趣且富于想象力的读书角几乎可以保证你能浸在书本里一整天!

所以,开始动手吧!拒绝父母"多情的"帮忙。你的地盘,你说了算!

那么接下来,你可能会遇到没有足够的空间和预算来支持你的创建计划的问题。下面的一些布置建议可以为你提供一些指导:

(1) 充分利用现有物品

哪个孩子不喜欢野营呢?如果可以的话,他们几乎愿意整天都住在帐篷里。那为什么不在家里为自己搭建一个呢?除了买现成的外,即便是一张床单也能完成这一"使命"。

此外,房间的任何角落包括窗台附近,甚至是衣柜,都可以被很好地利用起来。

想象一下,阅读小天地被设置在大衣柜里,那该有多酷!那样的话,在保证安全的前提下,你拥有的就不再是个普通的衣柜了。它就像是小说《纳尼亚传奇》里的画面栩栩如生的再现。这样的衣柜将好奇的闯入者带入一个更为广阔的世界!所以,只要你拥有足够的创意,就能够拥有一个理想的小角落……

（2）用书做装饰画

很多书都有着漂亮的封面，为什么不将它们当作装饰画呢？将它们放在屋中最显眼的位置，随时看到，这也能让你随时产生想要看看里面内容的冲动。

（3）随时随地享受阅读

将书放在屋里你可能去到的任何地方，如卫生间、阳台、客厅等，这样会让你无论去哪里，总有书籍可以随时拿起翻几页。

2. 适合的色彩可以提升阅读体验感

色彩会唤起人的生理化学反应。如果使用得当,色彩将有助于我们产生积极的潜意识。对于阅读环境,也同样可以通过改变色彩而扭转心情,提高阅读体验感。一般而言,绿色、浅蓝色、米色等颜色都比较适合读书空间。其中尤其以浅绿色为最佳,因为绿色对视力具有保护作用。人们曾在伦敦的一家工厂做过一个颜色试验。当厂房内的灰色机器被涂成明亮的橙色后,人们的工作热情普遍有所提高,生产事故也减少了,原本散漫的工人也变得积极起来。由此可知,颜色对于人的心理影响有多重要。

当然,我们自己也许无法左右房间墙壁的颜色。不过,利用一些小摆设也同样能够达到悦目养眼的效果。比如摆一些鲜花、绿植,或者展示好看的自我创作的绘画等,都是丰富阅读空间的好主意。

3. 合适的温度可以增加阅读舒适度

温暖的环境会让人感觉更快乐、更舒服。当温度低于20℃时,人犯错误的概率会比室温在25℃时高44%。

4. 适当的光照可以使眼睛更舒服

看书时，能让眼睛感觉最舒服光线就是——自然光！据科学研究证明，自然光可以促使身体分泌更多的多巴胺，而多巴胺的一个作用就是能够限制眼睛过度生长，要知道如果眼睛过度生长就会导致近视。所以，自然光下看书可以使眼睛的发育更加健康。而瑞士联邦理工学院的研究还发现，在自然光下工作的人比在日光灯下工作的人拥有更高的能量水平。

但是，一天当中并非所有时间段的自然光都适合阅读。通常而言，最佳阅读光源应该是上午10点左右的散射自然光。该时间段的光线具有连续不间断且无明暗变化（即无频闪的稳定性）的特点。而中午时分，光线会变得特别明亮刺眼，傍晚时分的光线又较暗，这两个时间段就不适合直视书籍。

另外，过多的人工照明或昏暗的灯光容易使人产生压力感，进而使人维持精力水平的能力变弱，注意力也随之降低。因为这些光源中的色彩与色调都较为单一，尤其是日光灯当中的蓝光成分相对偏高，长时间身处其中的话，这种蓝光会穿透人眼的晶状体到达视网膜，加速黄斑区细胞的氧化，进而造成光学损害，即容易使人产生视觉疲劳和心理压力。对此，你可能早就体会过，晚上在灯下看书没一会儿，眼睛就有特别酸涩的感觉吧。

回顾：

你通常喜欢在哪里阅读？为什么？

如何拥有一个个性化的书架

你可能已经听说过,有组织的书架不仅可以提高你的阅读效率,而且还可以激发你的阅读动力。

另外,你喜欢阅读的书籍类型还可以成为你的"身份证"。因为通过这些书,别人能够大致猜出你的性格与喜好。不过,我敢打赌,你没想到你的书架会具有这样的效果。在某种程度上,书架确实如同一面生活镜子。当你成为一个书迷时,书架也会随之逐渐壮大。你的书聚在一起之后,可以一目了然地反映出你的个性与喜好。

我的书是按照专业领域排列的:植物类的凑在一起,教育类则挤在另一处,艺术类占据着更为显眼的地方……我特别喜欢我的书架,也喜欢为它不停地添加新成员。对了,我还将那些对我来说意义不大的旧书放在最下面的一格中,等着有喜欢它们的朋友认领。所以,无论你是颜色协调爱好者,还是小窍门收藏家,都可以让你的书架突显你的风格。而且,被你用心整理过的书架,会因其别致的排列方式让你在归类或查找书时快速又准确。下面是一些书迷的书架排列方式,也许能给你一些灵感——

1. 按字母顺序

很多人都会将他们的书籍以主题分类之后,再按照字母的顺序一一排列。这样做的好处就是找书时非常节省时间,使你不至于为了一本书而寻遍整个书架!而且还由于分类清晰,排列有逻辑性,让别人会觉得你这位书架的主人一定也是位做事有条理的人。

2. 颜色协调

还有一些人，他们偏爱从书籍的颜色上打主意。比如下面这个书架，想象一下，一眼看上去，是不是很像一道道彩虹？还有些人能别出心裁地用书排出一个图案。这样的书架可以使你在阅读之外获得一份情趣之喜，朋友们也会觉得你除了爱读书，还是个富有创造力的人，像位艺术家。

3. 按小说/非小说分类

这种简单的分类方法比较适合书籍不多的人，它将简化你寻书的过程。如果你想阅读《哈利·波特》，但由于它与其他非小说类书籍放在一起，那么你就得花些时间去寻找了，所以学会图书分类很重要。

4. 按喜好布置

也许你的书架不是很大，书也不多。但是这也并不意味着你不喜欢阅读，只说明你可能更喜欢向朋友或图书馆借书看，然后选其精华买回来收藏，对不对？但重要的是，你的书架上全是自己真正喜欢的书，这真的很重要！

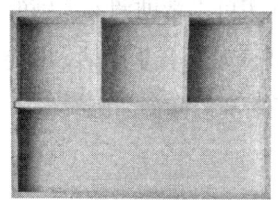

5. 阅读中的 DIY 乐趣

很多书迷喜欢自己动手为宝贝书籍们建造房屋。他们认为坐在自己亲手制作的书架前读书，不仅乐趣无限，而且更有成就感，读书的积极性也随之高涨。比如下面这两个非常个性化的书架,简单中透着无尽的创意。看得人手痒痒,是不是?

回顾:

找一找身边不用的物品里有哪些可以改造成书架?

—— 阅读时听音乐,是提高了效率还是拖了后腿? ——

虽然说有些具有节奏感的音乐可以与大脑的共振频率相一致,因此通过适合的音乐确实可以帮助调节大脑的兴奋度,或激情满怀,或平静如水。但是在阅读时听音乐的话,所起到的作用可能并不都是积极的,不同的音乐对我们阅读的影响也各有不同。

1. 纯音乐 VS 歌曲

一项针对环境音乐的小规模调查显示,如果在阅读(尤其是阅读课业书籍)时,<u>播放有歌词的音乐反而会削弱人的注意力</u>。音乐中的"语音"越清晰,我们的耳朵就越会不自觉地想要辨识清楚每一句歌词,这也就将我们阅读注意力分走了一大半,所以很多时候你会发现,听着歌曲看书的结果是——什么都没记住!因此,阅读时最好以背景音乐为主,比如轻音乐或电影中的配乐。就我个人而言,当屋中只有我一个人时,无论听歌曲还是背景音乐,都会对我的大脑产生干扰,因此我最好的工作环境必须是安静的!

所以,尤其是在阅读课业类书籍时,歌曲类的音乐最好还是放在中间休息时听一会儿。一项针对未成年学生的研究发现,<u>在两个任务的休息期间听音乐,学生的学习成绩和长时间专注的能力都有提高</u>。

2. 熟悉的音乐 VS 陌生的音乐

一项心理学研究显示,当我们听到熟悉的旋律时,大脑中能产生强烈情感和注意力的区域会更加活跃;而听到不太熟悉的音乐时,我们的注意力会因为"要适应新的声音"而被分散。

由此延展出来的结果是:如果在公共场合一边阅读一边外放着自己熟悉的音乐,对你而言,那音乐是一种情绪及阅读效率的辅助,但是对于周围的人来说则是一种干扰。因为你自己放的音乐是什么类型、什么旋律、播放顺序以及音量都在你的预知范围内,但是对于周边的人来说,这些音乐都是陌生且不可预期的,每一首都需要大脑努力分辨、熟悉、过滤……因此,<u>在公共场合外放音乐已经不仅仅是个没有礼貌的问题,它确实会干扰到别人</u>。所以一定要记住,在公共场合听音乐确实可以帮助我们过滤掉环境中的嘈杂,但前提是——必须戴上耳机!

3. 推荐音乐

推荐1:听交响乐可以帮助你集中注意力

美国斯坦福大学医学院 (Stanford University School of Medicine) 的

一项研究发现，听交响乐可以激活大脑中与集中注意力、做出预测和更新记忆有关的区域。

推荐2：背景音乐可以营造更加舒适的阅读氛围

阅读时，你所听到的音乐应该只存在于背景中，这意味着它不会引起你的注意。背景音乐的作用在于它不会使你试图去聆听，却可以为你营造一个平静、舒适的气氛，比如大自然的声音或冥想类音乐等都很适合。除此之外，乐器类的音乐也很适合阅读的时候听。

另外，如果身处的环境较为嘈杂，例如在教室里，旁边有人在聊天打电话等，你可以戴上耳机，此时背景类的音乐可以帮助你隔离干扰源。

当然，要了解背景音乐是否对你的阅读有帮助，你可以分别尝试在有音乐和无音乐的情况下阅读，比较一下自己在哪种情况下更容易集中注意力。比如对我而言，工作时不听音乐会更容易集中注意力。

回顾：

当你阅读时，请分别体验并判断出，听音乐与不听音乐时的阅读效果哪个更好。

—— 成立一个读书俱乐部，与朋友一起阅读 ——

虽然阅读是个需要安静且非常个人化的活动，但是，当你能够

经常将自己的阅读心得与同样喜欢读书的朋友们分享时,你会发现这其中竟然会有那么多意想不到的益处,比如:

(1)你可以从读书俱乐部上知道更多的书籍、作者,以及从前根本不会想着去看的文学类型和从未想到过的生活观点。

(2)读书俱乐部还是一个可以让你畅所欲言谈论自己观点的地方。在那里,你不用害怕自己说错话(因为那不是语文课上的中心思想总结,不会有语文老师绞尽脑汁地想着挑你的错),这也是参加读书俱乐部最令人愉快的部分。而且更妙的是,由于你可以经常练习表达自己的观点,随着时间的推移,你会逐渐感觉到自己说得越来越好、越来越准确了。另外,研究表明,边读边讨论也是提高理解力的好方法。

(3)在这个小小的阅读俱乐部里,共同的阅读经历也会使小组成员有机会围绕着一本书讨论自己的生活、思想等如何因该书而产生了变化。你可以了解到其他人怎样思考书中的主题、人物以及其中的情节。这样你会不由自主地用一种新的眼光看待自己的思维方式,逐渐学会从不同的角度去看待外部世界。这将帮助你成长,并使你拥有继续读完一本书的动力。

如何开展读书俱乐部的活动?

在深入探讨书本的情节、角色发展、主题之前,请每个人先说一说自己对这本书的第一印象,以此为起点开始你们的读书俱乐部讨论会。在如前所述询问了介绍性问题后,大家的情绪已经开始活跃起来,接下来你们就可以参照下面的一些问题展开活动了。

注意,建议你们将这些问题做成问题小卡片,每人抽取一张,然后展开讨论,这样的随机性与不可预期性能够非常好地激起每个人的紧张感与期待感——

　　这本书（容易/不容易）阅读的原因？

　　你喜欢这本书吗？为什么？

　　你对这本书有什么期望？这本书是否达到了你的期望？

　　你如何向朋友简要介绍这本书？

　　如果作者自己不是书中的角色或没有用第一人称来描写时，作者是否仍然在书中？作者的在场是否会阻碍读者更好地融入书中内容？

　　你如何描述这本书的情节？它吸引了你，还是你不得不强迫自己读下去？

　　你想遇到哪个角色呢？你喜欢/讨厌他们吗？

　　你最喜欢的角色是谁？

　　你觉得自己与哪个角色最像？

　　角色的动作看起来合理吗？为什么？

　　如果一个（或多个）角色做出了具有道德影响的选择，你是否会做出相同的选择？为什么？

　　如果要将这本书拍成小电影，你准备选哪一段？为什么？

　　如果这本书发生在不同的时间或地点，那这本书会有什么不同？

　　这本书的图片是否有助于描绘情节或帮助定义角色？

　　这本书的结局是你期望的吗？

　　如果这本书是基于真实的事件，那么这样的事件你之前了解吗？

　　如果这本书不是小说，那么你对作者的研究有何看法？你认为他/她在收集信息方面做得足够好吗？来源可信吗？

　　你最在意书中的哪个情节？

你如何看待这本书情节发展的进度？

你会使用哪三个词来概括这本书？

你还读过哪些主题相似的书籍？它们与这本书相比如何？

你如何看待这本书的长度？如果阅读时间太长，你会削减什么？如果太短，你会添加什么？

你会向其他人推荐这本书吗？为什么？

……

以上这些介绍性问题可以帮助你将书籍讨论开展得更有方向性。

小小提示1：发言时间

注意，你们一定要事先规定好发言时间，比如每个人发言两三分钟，最好上个闹钟。这样不仅可以避免有些人说个没完没了而使讨论会的时间失控，另一个好处就是能够使所有人学会言简意赅地表达观点。

小小提示2：颁奖时刻

你们可以根据俱乐部成员的阅读表现颁发几个阅读奖，比如：最佳朗读者、看书最快奖、最佳评论奖、最佳组织奖……

还可以为你们的书籍颁发一些奖，比如本周最有趣的书、情节最出人意料的书、最感人的书、最恐怖的书、最无聊的书、最搞笑的书……

这样既能调动大家的阅读积极性，还能使你们的阅读活动变得有趣。

回顾：

请尝试组织一次读书俱乐部活动。

举办一场青少年图书交流会

高效阅读的含义不仅仅只是针对一本书的阅读速度而言，阅读的内容是否广泛，兴趣和积极性是否能长久保持，以及围绕着书籍能不能开展一系列的活动，等等，都是高效阅读的结果。

比如你将堆在家里的书籍与朋友交换阅读，这一活动不仅善用书籍，当你能够组织朋友们共同参与、共同实施这一想法时，你就已经通过书籍让自己的组织、策划、执行能力等都得到了提升！而这也是我们提倡高效阅读的目的所在。

所以，你不妨尝试着和几个朋友一起举办几场"青少年图书交流会"，每一场都将是一次有趣的聚会。而且，你会发现从这一过程中获得的收益早已超出了单纯阅读一本书！

那么，如何举办这样的图书交流会呢？我可以给你提供一些参考，但是，相信你一定能够在实施过程中想出更多更有趣的点子。

图书交流会经验谈：

在这个以孩子为主的图书交流会上，你们当然是一切都要自己来操持，但也不妨多向成人请教些好点子。而我给你们的建议是：

1. 呼朋唤友

邀请几个好朋友共同操办并开展该项目，一定要安排好各自的分工，之后就可以向你的同学、朋友发出参加交流会的邀约了。邀请的人越多，你们可选择的书籍也就越多。因此，除了本班同学外，你们应该尽量将范围扩大到班级以外。

2. 多邀请不同年龄段的读者

如果你邀请的每个人都处于一年级，那么你们所获得的书籍大多处于同一个阅读水平范围。所以，在邀请时，记得扩大换书者的年龄差距。

3. 宣传推广

和伙伴们一起设计好海报和传单，将其张贴在学校或你们选定的理想场所，将图书交流会的信息宣传出去，让更多的学生们参与进来。

4. 对交流的书籍提要求

在涉及换书要求时，可以给出一定的限制，比如鼓励大家尽量携带一些"好"书前来交流。你们可以制作一份书籍体裁或类别的清单，给出一些示例，比如侦探、笑话与幽默、非小说类、画册、绘本、传记、历史小说……确保每个人都知道带什么书来，以及可以带哪类书回去（这个清单也方便你们在现场对书籍进行分类，请交换者按照你们设置好的类别标签将他们的书籍放到相应的位置）。这样可以避免图书交流会上到处都是"教辅"材料，或是学习类工具书。

5. 写下阅读感想

记得在宣传单上写明，请换书者做一张"书籍介绍卡"，写上诸如"这本书属于……"以及一些对书简短的评论与注释，说明他们喜欢（或不喜欢）这本书的原因，比如"如果喜欢的话，建议……"或其他评论。当"继任"阅读者仔细阅读时再写下自己的回复，这样的话，就会由此展开一场有趣的纸上对话。

如此一来，你们看到的注释内容一定五花八门、各种各样。这不仅能会让你们有一种书籍主人翁之感，而且还可以为那些二手书增加一点新颖性。

6. 准备好交换书籍的代用币

按照每个人携带的图书数量发放相应的"书籍交换'币'"。如果换书者带来5本书，那么他就可以"支付"5张交换"币"换5本书回去。

7. 安排好书籍的整理与收藏工作

你们可以用纸板箱创建图书收集箱，把交流会上剩下的书籍进行集中管理，以备下次交流会之用。当然，最后你们总会剩余很多书籍无人交换，那就想想是否可以找个合适的空间成立一个小型图书馆，或者捐赠给你们学校图书馆或儿童医院。

8. 解决有争议性的问题

在交换书籍时，如果一本书有很多人同时想阅读，可以用抽签或其他方法让大家轮流阅读。

9. 同时借书，同时阅读

如果将此项活动以一周为期限进行，大家就有机会每周都能阅读一本书。想想吧，和同学们一起开始阅读，而且还被规定了一周内必须要归还，那你的阅读速度是不是就要加快些呢？

10. 你的图书交流会创造了什么？

通过这样的书籍交流会，同学之间有关书籍的话题一定会逐渐增加，也能够随时了解到别人在阅读哪些书，班上就会自然而然地形成阅读环境。

回顾：

请尝试组织一次图书交流会。

图书馆日

你经常去图书馆吗？也许你会问：现在都已经可以在家和学校直接上网了，我们可以在网络上直接买书或阅读电子书，还有必要去图书馆吗？答案是肯定的！我最喜欢去的一个地方就是图书馆，因为那里会带给我们很多好处——

好处1：省钱

除了图书馆，你还能在其他地方找到可以免费借用东西的地方吗？一所好的图书馆可以为我们提供很多领域的知识资源。如此海量的书籍，我们自己如何能买得齐全？更何况有些领域的书籍非常昂贵。而且，家里也没有太大的空间盛放这些书。

好处2：看得见的知识库房

我们都明白网络上的内容丰富得像个黑洞，无边无际！但是，实实在在呈现在我们眼前的其实就只是一台电脑或手机。而图书馆则不一样，一排一排的书架占据了屋子的大部分空间，每一排架子上又陈列着无数的书，每一本书的知识都不同，而每一本书都能被我们看到。我们可以在图书馆里尽情地挖掘出自己想要的所有内容！

所以，当我们置身于一间盛放着无数本书籍的屋子时，我们就能看到特别具象的知识，这种宏大的知识聚集场面很有震撼感。让你觉得，看完的每一本书只不过是这成千上万本书中的一小本，眼前无数的书在等着你去阅读，激起了你想要一本一本、一排书架一排书架地看下去的挑战欲望。

好处3：心理暗示

图书馆总是特别的安静，每一个人都在专注地看着自己喜欢的书。当你看到很多专注于获取知识的人时，会不自觉地希望自己也能成为其中的一员。而且，图书馆的功能非常明确，就是用来读书的地方！所以，当你身处这样一个宁静而目的性特别强的空间时，心里也会产生一种想法——读书吧，这里能做的只有一件事，就是读书！因此，你的阅读注意力就会立刻集中在书本上。

好处4：自律培养馆

这一条其实是对上一条的补充。如上所述，很多人更愿意去图书馆看书的一个主要原因是——自控能力较差！对于特别容易分心的人而言，在家里阅读的干扰源太多了：喜欢看的电视节目打开就有，手机也更容易带走他们的注意力，有些人甚至还会时不时地上网查看其社交媒体网站上的最新更新……你是不是经常一边阅读一边看着电视，并且还告诉自己只会看片刻，然后变成一个小时，再然后……

所以，选择去安静的图书馆来约束自己绝对是个不错的主意，这也是为什么很多人愿意去图书馆学习的原因。

回顾：

你每个月都会去一次图书馆吗？如果所在城市没有图书馆，你有方法借到10本书吗？

第三章

如何准备阅读装备

清除阅读干扰

确实，良好的专注力在如今变得越来越宝贵。也许，在你们成年之后，决定大家成功与否的主要因素就是——谁拥有更持久的专注力！

对于阅读来说，持续的注意力是有效阅读的前提，因为它决定着我们对于文本认知理解力的高低。尤其是还处于学习早期的青少年，其注意力集中与否直接与阅读技能、阅读理解力相关联。在一项研究中，研究者观察了一组从幼儿园到五年级的学生。研究发现，在幼儿期就不能很好地集中注意力的孩子，到了五年级时，阅读成绩明显较差。而且，成绩差的学生的问题主要也是由注意力维持有障碍所引起的。

因此，如何能让我们的注意力在阅读时保持一个良好的状态呢？也许，你应该先从"阅读大扫除"开始——

1. 移除干扰源

无论你在哪里，如果你有事情要做，一个良好的开始就是先找出最让你分心的事情。我的小黄猫就是一个让人特别分心的小家伙。

所有养过猫咪的人都知道,猫咪几乎都有个特别奇怪的嗜好——最喜欢卧在你正摊开的书本上,而且一定是书的正中央!推开,再卧回去,推开,再卧回去,百折不挠!

所以,当我准备开始阅读时,就会将它和它的小鱼干关在另一个房间里。这样,我就能把全部注意力放在书籍上了。因此,当你专注于阅读前,一定要先将容易分散注意力的因素,如宠物、零食、电子设备等全部从眼前移开。它们会吸引你的眼球及余光,使你从想要读完的书上分心。

说到这里,我忽然想起我少年时一个特别不好的阅读习惯,可能你也逃不过,所以我觉得有必要提醒你一下。那就是喜欢在看书时吃个小零食!这一点给我带来的麻烦远比享受到的美味多。不仅书本里常常会夹带着某些神秘的食物渣渣,而且还让我不知不觉在阅读中胖了三圈。因为看书时,大脑很难再分出工夫来管控我的嘴巴,于是,看书的时间越长,我吃进去的食物就越多,而我的运动量又几乎为零……所以,我当时被同学们授予了一个让人很烦的绰号——"小胖子"!直到上了大学,我才渐渐改正这个习惯。

所以,阅读时请确保你的桌面上就只有——

一支笔、一个笔记本、便利贴,以及一杯水。千万不要喝甜饮料,因为它们也会使你成为"饮料小胖子"!

不过,有几种东西可以摆在那里,那就是一些能激发创造性反应的物品,比如书籍、励志名言、闹钟等。如果环境中充满了积极的因素,你会发现自己的思想更容易流动。

2. 整理你的空间

既然要移开干扰源,那就必须要做点清洁工作。要知道,置身于一个干净整洁的空间，感觉是非常棒的。这之后伴随而来的便是内心的平静与高效的阅读状态。

3. 下载电子书，而不是在线阅读

如果你准备读的书是电子版，那么最重要的是尽量将其下载，之后在断绝网络的状态下阅读。为什么不能在线阅读？这个问题想必你已然心知肚明！如果在线阅读，那你的思想溜号的概率会非常大。

互联网的最大优点就在于它随时都能帮助我们获取到任何信息。所以当我们阅读时，脑海中常常会闪现想去查阅某个信息的念头——"我想知道明天天气怎么样？""那部电影是哪一年上映的？""我想知道我的朋友圈更新了什么？"当这些问题或想法突然涌入脑海中时，阅读注意力其实已经偏离了正在看的书。

除了自己的思想主动溜号外，可恶的网站还会时不时地跳出来一些诸如社交媒体的留言、新闻、广告等。你势必会顺便点开看几眼，然后再看几眼……最终，那本你正在阅读的书已被彻底丢到无数页面之后了。问题是，一旦分心，就需要大约25分钟的时间才能使注意力回归到原来的阅读内容中。此外，来回转移注意力也会消耗脑力。

我就因经常被拉入这个虚拟黑洞而耗时无数，所以我非常清楚时间是怎样消失的！但是，一旦我在开始阅读前，主动将网络断掉！我发现我能够在短时间内读完的书越来越多，特别有效率！！

此外，我还会在电脑旁放一个本子。每当有想查看的问题，就立刻写个关键词在本子上，然后在休息时一次性查看。

4. 关闭所有的外来声源

我相信有些人在家时即便不看电视也总习惯让电视开着,但如果你准备看书时,请关掉它!

回顾:

你通常喜欢在哪里看书?你的阅读环境是怎样的?

—— 阅读前必做的 7 节注意力健身操 ——

你已经知道良好的阅读最需要具备的一个前提条件就是——注意力!而且通过对132名土耳其的四年级学生的一项测试结果也表明,良好的注意力对于阅读速度、文字韵律感知度、单词识别和理解能力都有显著影响。注意力是阅读流畅性和阅读理解的先决条件。字词识别能力较差的人通常都存在着注意力难以集中的问题,其阅读技能的掌握也随之受影响。因此,由于注意力控制不足,低水平的读者在表达思想方面也会遇到困难。所以,为了提高阅读技巧和阅读速度,我们还需要经常进行一些能够增强注意力方面的活动。

就像你可以锻炼身体肌肉一样,你也可以通过锻炼大脑的某些区域来提高注意力。一项研究表明,三个月的冥想练习之后,注意力和大脑功能都会有显著改善。不过,我可以肯定活泼好动的你绝对没有耐心去做这样的练习。别担心,你还可以尝试下面的方法:

1. 对书存有期望

每次开始阅读前，都要记得问自己这样一个问题："我希望从这篇文章或这本书中学到什么？"心里有所期待，你便会不自觉地想去寻找这个答案，进而更容易投入专注力。

2. 让闹钟伴读

① 开始阅读前，先给闹钟设定一个时间段，比如10分钟。那么你一定要规定自己在这10分钟里什么都不做，全部注意力都要放在正阅读的书上。相信我，10分钟很容易熬过去的。

② 准备休息时，计算一下自己刚才一共看了多少行，将这个数字记在本子上。

③ 喝点水休息5分钟。

④ 重新设定另一个10分钟，继续阅读，时间到以后，再次记录阅读的行数。

如此重复几次，你就会发现自己正在和自己展开一场阅读比赛，因为一旦记录了所看行数，你就绝对希望能在下一个10分钟里，超越前一次的阅读记录。而这时，你已经在不知不觉中读了很多页，不仅大脑一点没溜号，阅读速度还比以前快了 N 倍！一旦你习惯了这样的安排，专注的时间也会随之延长。但重要的是，你的休息时间得到了有效控制。

这里再介绍一个可以计算出你的阅读速度的小公式：

一行中的字数 × 页面上的行数 = 每页字数

将阅读的页面数 × 每页字数 ÷ 设定的阅读时间（如10分钟）= 每分钟阅读的字数

3. 一分钟呼吸法

你知道吗，我们的呼吸也是可以对涣散的注意力施加影响力的，而且做起来也非常简单。但是，能坚持的人却不多，不知道你能不能超越常人，成为呼吸达人！

瞬间集中注意力的一分钟呼吸法：

※STEP 1：缓慢地使气息从口中呼出，呼气时要能发出声响，心里默数8秒。

※STEP 2：缓慢地用鼻子吸气，心里默数5秒，过程中也要能发出声响。

※STEP 3：一吐一吸算作一个循环，用一分钟的时间反复进行这个动作。

※STEP 4：呼吸时要排除杂念，把注意力引向两手和大腿的边缘部位，把意念引导在手心。

不久，你就会感到注意力最先指向的部位慢慢地产生温暖感，然后逐渐扩散到手的全部。这时，你可以反复默念：静下心来，静下心来。两手就会暖和起来。

也许你会问："仅靠这么简单的动作就能让我集中注意力吗？"

美国斯坦福大学进行的意志力研究已经证实，一分钟的深呼吸确实有助于集中注意力。

另外，人的大脑在感受到压力时，会产生 β 脑电波，而连续进行一分钟的深呼吸动作，能够将其转换为"放松状态"时的 α 脑电波。简单地说，当我们的脑电波为 α 波时，注意力才更容易保持集中。所以，首先请大家进行深呼吸，然后开始阅读本文的内容吧。

4. 运动

也许你会觉得运动和阅读根本就是两件不相关的事。错！它们的关系很密切，就如同你的左右手缺一不可一般。美国伊利诺伊大学的一项研究发现，体育活动可以增强认知控制。参加了20分钟适度运动的 ADHD（多动症）学生注意力集中的时间更长，在学业成绩测试中得分更高，尤其是在阅读理解方面。

所以你瞧，运动不仅能强健身体，还能增强注意力。因此，当你发现自己无法集中注意力时，那就出去走或跑半小时吧。再回来时，你会感觉自己不仅精力复原，注意力也能轻易回归了。

5. 多喝水！

喝水也会影响注意力？是的！西班牙巴塞罗那大学的一项研究发现，轻度脱水——哪怕只有2%——都会对注意力产生负面影响。事实上，脱水率在2%并不足以引发口渴，也就是说你根本意识不到自己已然开始脱水，但是你的注意力对此却很敏感。所以，如果你觉得自己无法集中注意力了，那很有可能是因为你渴了。这就是为什么我会在前文提到，在你开始阅读前，要确保有杯水在旁边。

6. 问问题

我们知道，有些书读起来深奥、晦涩，特别费劲，可是你又非读不可。遇到这样的书，你的阅读注意力肯定会受到挑战。所以要想避免自己坐不住，你不妨边读边再次动用一下自我提问的方法。因为只是自问自答，所以你的问题可以千奇百怪，比如"作者写这个定义的时候，会不会只是一时兴起，胡说八道？""写这句话的时候，作者是不是正在吃辣椒？"……这些有趣的自我提问不仅能够令你对正在看的内容印象深刻，而且能让阅读的心情变得轻松愉快起来。

7. 嚼口香糖

英国卡迪夫大学的一项研究发现，嚼口香糖可以提高人的警觉性与注意力。咀嚼本身就可以促进大脑兴奋，因为它告诉身体营养物质正在进入大脑。没有饥饿之忧的大脑自然是很快乐的，那么它就会全力以赴为你好好工作了！不过，另据研究表明，咀嚼口香糖不能超过15分钟，让它长时间停留在嘴里会有害健康哦。

回顾：

注意力被分散后，你通常会用什么方法让自己再次保持注意力呢？

—— 选择非同寻常的笔记本 ——

看书没有笔记本在旁，那样的阅读将是不完美的！

我有个看书的习惯，就是每逢看书，必须要有纸笔在手才好！否则读到有想要写下来点什么的时候，如果手边没有纸笔，心理上会觉得特别不舒服。就如同喝咖啡没有加牛奶，虽然也能喝，但味道总是不尽如人意。

因为阅读并非只是个被动的识字行为，大脑在阅读内容的同时是一定会将自己的思考与想法参与进来的，而这个参与的过程也是一定要用笔写出来的，即使只是摘抄一段自己认为有用的内容也觉得是一种参与。所以,纸笔对我的阅读而言,是一个参与的媒介。如果没有这个媒介,单纯的阅读会让我感觉与那本书有隔阂,自己像个局外人。谁愿意只是看着别人侃侃而谈而自己插不上话呢?

所以慢慢地,我成了个"本子控",特别喜欢收集各种漂亮的本子来承载我的阅读随感。

从中我发现——

一个自己喜欢且漂亮的笔记本,可以更好地调动起我对阅读的积极性。每有好本子入手,我总是迫不及待地想去看书,以便能尽早地落字其上。毕竟,我最伟大的作品很有可能就在这个本子里!

一个自己喜欢的笔记本,会让我每次打开时都有一种仪式感,觉得既新奇又享受——这也是为自己营造出来的舒适的阅读小环境。

一个自己喜欢的笔记本,会让我如同身处一间整洁、漂亮的房子里一样,并由此刻意收敛起自己随意乱扔东西的坏习惯。谁忍心用杂乱破坏漂亮的房间呢?

第三章 如何准备阅读装备

所以下次买本子时，我建议你——
<u>一定要选择一个非同寻常的笔记本！</u>
<u>一定是你最喜欢的本子！</u>

如果你用随便的心态选择笔记本，其实也暗示出你的学习积极性不高。带着这样的心理去阅读、去学习，笔记也容易潦草而随意。比如下面这几个本子，会有很沉闷的感觉，不禁让人觉得拥有它的人也可能是个乏善可陈、毫无特色的人。

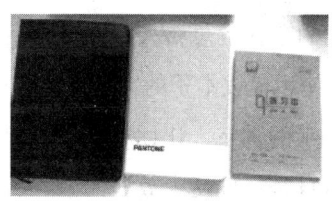

另外，我建议你最好选择<u>空白纸面的本子</u>！为什么呢？

（1）空白纸的本子让你书写更自由

从视觉辨识度来讲，纸面因为空白而更容易突显字迹，辨识度高，查看起来能够一眼找到重点。不仅如此，空白纸页可以使创作者更有发挥的空间。只要你的小宇宙的爆发力足够强，你的阅读笔记可以由各种图案、画面构成。那样的笔记在翻阅时，自己都会觉得是一种享受。

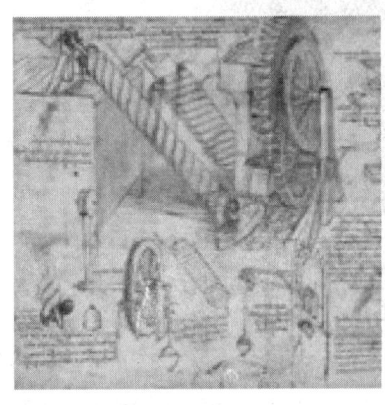 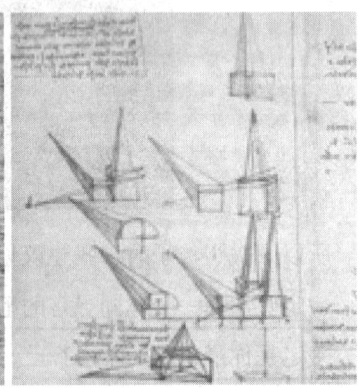

（2）与横线本子告别

很多人在选择笔记本时都会习惯性地选择横线本，不过，你在使用横线本子时有没有过这样的感觉——那一条条横线似乎总在督促你必须要将文字写在它的线条上，这就让人觉得少了自由书写的放松感。此外，横线的存在也总给人一种必须要将所有的横线都写满的压力感。于是，使用横线本子的人的笔记往往排列着规规矩矩、密密麻麻的一堆黑乎乎的文字，让你写完后不想再看第二眼，因为看着费劲！而阅读本身是一件使人放松的事，所以为什么要让横线本子打扰自己这种放松的心理呢？所以，请与横线本子告别吧！

第三章 如何准备阅读装备

小贴士：

①大、小本子都要有

选择一些大到可以容纳你的课业、写作和草图，小到可以藏起来的本子。大本子是你思想的大本营，而小本子则是一个移动的想法收集小库房。

②本子的外壳也有用

这一点尤其针对小本子。当你外出时，你可能只能站着写。这就需要给笔记本一个可支撑的硬壳。

③置办一个简便工具袋

为了阅读时记录起来相对方便，建议你准备一个小工具袋，里面装上水笔、彩笔、马克笔、便利贴之类的阅读附件，以进行书写创作。

回顾：

为什么要为阅读准备一个非同寻常的笔记本呢？

活页夹——笔记收纳的最佳选择

虽然我推荐你尽量选择漂亮的本子，但是在你的阅读成长过程中不可能只使用一种形式的笔记本，有一种叫作活页夹的本子也非常好用——它可以同时盛放你的多本阅读笔记。

活页夹的最大好处就在于它可以灵活地给笔记分类，同时也很节约纸张。要知道我们通常在用单本笔记本时，很少能够做到"页尽其用"，往往会在本子还有若干空余纸的时候就已经想换一个新本子了。有的时候，甚至才用了半本，就已喜新厌旧地将其更换掉了。

而说到活页夹的灵活性，它确实有着其他传统本子所无法比拟的好处——

☆ 因为灵活，它能够将各类阅读笔记全都收纳在一个夹子里，避免了日后到处翻找各个本子的麻烦。而且，最终还能让你拥有一套专属于自己的阅读文集。

☆ 因为灵活，它能够让笔记自由地多次修改，随时调整、替换，因为一次性做出完美笔记是不可能的。

☆ 因为灵活，它能够随时在某一页笔记的基础上增加新内容。

☆ 因为灵活，它能够随意拆卸、更换，并组合各色纸张，满足你的 DIY 喜好。

☆ 因为灵活，它能够让你随时将某页笔记拿下来，临时放在醒目的地方，便于你记忆和背诵。

另外，再推荐几个小贴士给你，也是非常有用的哦！

小贴士：

（1）因为一个活页夹内同时放置了好几本不同书籍的笔记，所以，你需要在每个文件夹的前面做一个小的目录，每个科目要用不同颜色的彩纸或标签贴分隔开。

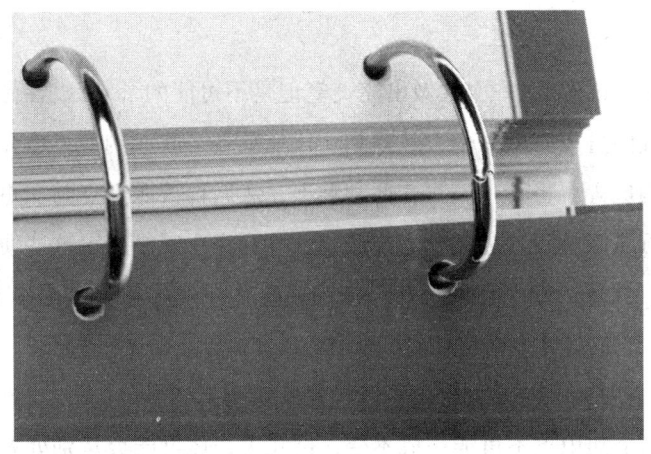

（2）拥有自己的专属封面。

建议你选择一个能够自行替换封面的活页夹来创建自己的专属封面，这样你的活页夹将会独一无二，如在封面上写一句励志名言、贴一张愿景图片等。

回顾：

你还能想到活页夹的其他用法吗？

—— 便利贴——阅读中的大作用 ——

我在阅读时，还经常用到一件小工具，它就是有着各种颜色可供选择的便利贴！这些自粘的纸条可以用来给我的书籍或笔记本添加额外的注释。现在我就来给你讲一讲看书时，那个小小的便利贴对我有多大帮助吧！

1. 预演

上文说过，"一次性做出完美笔记是不可能的"，所以在做笔记前，我们可以先做一个大致规划，比如准备写哪些内容，由几个关键点构成等。将其一一写在便利贴上，然后再按照重点与非重点对其进行组织整理，进行补充与调整。等到完全安排好了这些便利贴之后，就可以按照它的形状与内容实实在在地落笔于笔记本上了。所以，它的好处显而易见：可以避免反复撕纸、反复重写。

2. 补充

每个知识点不可能一成不变，过几天，你可能会从别处看到一些更有用的内容。于是，抄在便利贴上，然后再贴到相应位置，而且因为很醒目地存在着，便如同一个显眼的小告示一般，还更利于记忆呢。

3. 精练

小小的尺寸迫使你必须用简洁的话语来表述出自己的论点、策略或计划的精髓。经过一段时间之后，你可能就变成了一个惜字如金的人。

4. 标记高频词

阅读纸质书时，有一个局限性就是你无法像在电脑上阅读那样让电脑帮你在书中查找出你想查的某个词句。不过这个问题也并非一点办法都没有，我们完全可以让便利贴来充当电脑鼠标。比如你想将相同的词语标出，那很简单，每次遇到它时，别客气，立刻给它贴上标签！不过，使用的便利贴一定要小一点，这样不会干扰其他文字的显示。

5. 标记未知词汇

在阅读过程中，我们不可避免地会遇到很多未知词汇。如果一看到不认识的字词就立刻拿起字典去查的话，就如同你正在和一位朋友愉快地聊着天，却总有电话时时打过来。这样的聊天体验就特别不好，有时甚至让人恼火，它们严重地干扰了你的连贯性思维。所以，遇到陌生字词时，可以先在便利贴上把那个不认识的字词记下来，贴在正在阅读的那一行上。等你的阅读告一段落时，再集中查字典，这对于提高我们的阅读理解力将是一个非常有助的支持。

6. 评论和问题

当我们阅读时，不可避免地会对文章中的一些描写产生自己的想法或疑问，此时就可以通过使用便利贴在书中直接添加你的评论和问题，这种方法其实就是在和作者进行互动。虽然作者无法当面回答你，但他的所有想法都藏在了整本书中，只待你全部读完。比如在看到探讨有关尼罗河早期文明的文字时，你也许会有疑问："为什么尼罗河对早期定居者来说是如此宝贵的土地？"把这个问题写在便利贴上，然后将其添加到你的书本中，以便全部读完之后再返回来继续深入思考。这样不断加入问题或想法的便利贴越多，你对这本书的理解也就越深刻。

7. 最喜欢的部分

阅读的过程中，如果遇到自己喜欢的词句或段落，就可以将便利贴贴在那个内容上。阅读过后，你就可以重新翻到贴了标记的地方，和伙伴们一起聊一聊自己喜欢的这部分内容。和朋友们分享和讨论自己喜欢的内容，会让你们对于那本书的阅读兴趣更浓厚，阅读的积极性也会随之增强。

8. 注释文字

便利贴在阅读中的另一个用途是能帮你对文章进行注释。通常只需要在便利贴上写一个简洁的符号，能让自己一翻开就立刻明白那张便利贴为什么要贴在那里。这些符号可以随你自己的喜好去设置，比如：

！= 有趣或令人惊讶的部分

？= 我对此部分有疑问

＊ = 重要的发现

＃ = 未知词汇

如此简洁的符号标注，几乎不会中断你正在进行的阅读，可以使你的阅读更有效率。

9. 实践情境线索

和伙伴们一起玩个看图猜测书中内容的游戏。当你觉得某个词语或短句特别有意思时，可以将其画成图画，然后贴在那个词语或短句上，请其他伙伴根据上下文的情境猜猜被盖住的内容到底是什么。

这个游戏不仅会增加你对词汇的理解力，而且也能带动伙伴们一起阅读！

10. 带有颜色标记的便利贴

你可以用不同颜色的便利贴标识不同的内容提示。比如：

红色的便利贴标识不太理解的词汇；

绿色便利贴标识的最有趣的词语、句子；

黄色便利贴上写着你对某一段的独特想法或由此而产生的灵感……

总之，当你全部读完之后，就可以很快根据颜色找出自己需要解决的问题。

11. 做出预测

如果你希望自己在读完每一章或某些内容之后做出预测，不妨将其写在便利贴上，贴在书中。然后，继续读下去，看看你的预测是否准确。比如你正在读一本侦探小说，那么，这些带有预测性的便利贴将是你向伙伴们"炫耀"的最好证明。到时候，你可以骄傲地指着这些便利贴对他们说："瞧！我读到这里时曾做了一个大胆的预测，现在，它们全都被我猜中了！"随着预测准确率的提高，你会越来越喜欢对所读的内容做出预测。这可是锻炼自己成为"预言家"的最好方法哦！

12. 将想法留在便利贴上

这其实更像一个游戏，你和伙伴们看书看累了的话，就可以用这个方法来娱乐一下。

首先，分成两个参赛队，然后由对方人员将写有关键字、字符、概念等内容的便利贴在你方伙伴的额头或背部。

然后，你们用各种动作或引导性的语言解释给这位猜测者。

最后，看看哪个组猜对的便利贴多！

这项有趣的小组活动可以帮助你们提高词语的理解能力，同时也能激发人的想象力。

回顾：

你通常用便利贴做什么呢？

—— 用"随身笔记本"记下你遇到的好段子 ——

作家达蒙·奈特（Damon Knight）在他的《创作短篇小说》一书中写道，"随身携带一个笔记本，这样你就可以记下那些随时出现的想法。"

几个世纪以来，爱阅读人士一直随身携带笔记本。路德维希·凡·贝多芬（Ludwig van Beethoven）无论走到哪里都会带个小本子，以备他那随时出现的灵感有地方盛放。马克·吐温的随身小本子里记录着他的观察以及阅读得来的种种想法。在他40多年的生命中，他将40多个笔记本写满了东西。每页都有一个标签，写着他潜在的写作想法以及在旅途中遇到的人或事。

所以,当灵感来临时,身边必须得有个笔记本。这是保证笔记"大本营"不断"丰满"的必要之举。当然,这可能已在你身上多次发生。当你边排队边阅读时,突然遇到想要记下来的内容,大笔记本会显得非常不方便,既没有地方放,也不方便携带。而且由于短期记忆只能大脑中保留3分钟,所以必须要及时记下来,否则那个新想法就会永远消失。

另外,也许你正在阅读的书籍是放在手机中的,这时候,如果你想针对某段做个记录的话,就必须在手机中来回切换功能应用。但是,我们阅读时做的笔记本都是需要看着书中的文字来完成的,手机只有一个显示屏,它显然无法完成这种边看边摘抄总结的笔记任务。

所以,一个小到可以放进衣服口袋里的小小笔记本是非常实用的,它可以成为你大笔记中一个个"小补丁"。"小补丁"越来越多时,你的成就感也将随之越来越高。

当然,你也可以使用智能手机上的笔记应用。但是相信我,手机的拼音式的记录方式会干扰你的连续性思维。当然,你也可以使用手机中的录音机来捕捉你的想法。但是，语音记录的弊端是，当你准备回顾自己记下来的内容时，必须从头到尾全部播放完才能知晓自己当时说了什么。它不像纸质的页面，只需要一翻开，便能够一目了然！

而且你永远不会想到，一个功能单一的纸质小本子，其实更容易吸引你去做记录。因为你的潜意识会告诉你，笔记本就是用来做记录的。它不像手机拥有多种功能，记录只是其中一种，而这也恰恰使人容易从心理上忽略手机还具有笔记本的功能。比如，手边同时有一部手机和一个小本子，当你想做记录时，你一定是会不自觉地要记在本子上，对不对？因为本子就是用来做笔记的印象已经深深地刻印在你的大脑中。

另外，别小看这个只有一两元钱的小本子，它拥有督促你写下具有无限价值事物的力量。因为面对一张张的空白页面，我们心底总有一种想要写点什么的欲望。这也间接成为激励你多阅读、多记录的原动力。

你看，一个小小的笔记本居然会有这么大的功效，是不是很神奇？！

回顾：

为什么随身的小本子比手机更适合做记录？

笔记最喜欢的颜色

我知道你有很多种颜色的彩笔对不对？而你通常都用这些彩笔做什么呢？画画！我猜你只用它们来画画了吧。可是，你有没有想过使用它们来提升你的阅读效率呢？要知道一本以黑白为主色的书籍中，漂亮的颜色标识会使那本书变得更有意义，因为这是你阅读的"足迹"。此外，阅读笔记本也使彩笔有了"用武之地"，本子们也因此变得非同一般。

只是简单地通过使用不同颜色将书中的内容做一个分类，就能使得整体看起来不仅重点突出，而且也很漂亮。何乐而不为？

一、颜色语言与表达

1. 颜色提醒你看重点

颜色确实能够起到吸引注意力的效果，这对以视觉接收信息为主的人尤其有刺激作用。因此，在阅读过程中，如果为重要信息涂上合适的颜色，不仅让我们可以一眼看到重点，而且也能帮助我们有条理地组织材料，使阅读更有成效。

2. 颜色增强了笔记的生动感

不同的色彩会影响人的情绪及心理——

绿色总是让人觉得充满了活力；

红色与警醒、提示、热烈有关联；

蓝色有沉稳、安静之感；

黄色代表着开心与欢快；

紫色是神秘与高贵的象征；

……

一位英国大学教授通过一项颜色刺激大脑活跃度的实验发现，蓝色能够更好地激发人的创造能力，促使人们产生一个又一个"好点子"；而红色则可以让人们的准确度更高，更适于决断性的内容。总之，不同颜色有着不一样的心理影响。所以，用这些有情绪感的颜色来标注阅读中的重要信息，你的笔记将不再是一堆静止的文字，它们似乎也有了生命力。

既然如此，那就不要再常规性地让笔记本、碳素笔"一统天下"吧。虽然黑色字体更易识别，但是，也许你可以尝试一下蓝色。蓝色从视觉上比黑色更轻盈、干净，字迹也显得更明快，而且蓝色也易让人归于平静（这一点尤其对活泼好动的人有好处）。

3. 颜色能够强化记忆力

对于大脑而言，记忆色块也往往比记忆文字更容易。

谁也没有规定纸面就必须是白色的。而且，如果你使用的是活页本，那么不妨在其中夹一些彩色纸张用以记录你觉得更重要的笔记。这样做，不仅视觉效果突出，而且日后你也可以直接根据颜色快速找到自己想要找的内容。因为你会深深记得，某某内容是记录在一张橙色的纸上……

二、Get 几个笔记着色小技巧

1. 给笔记着色，而不是直接用彩色笔记录

记笔记时如果频繁更换用笔会分散注意力，打断思考连续性。所以，可以只用一种彩色笔做笔记。然后在听课或阅读间隙，用彩笔将重点部分标记出来，这样也可以进行同步复习。

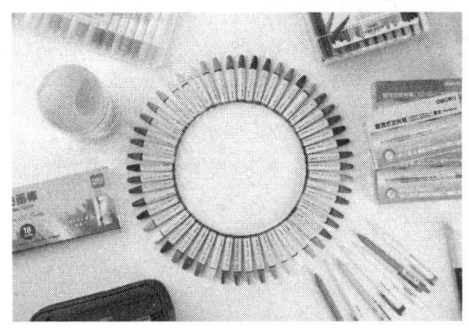

2. 选择正确的彩色笔

选择最多的几种涂色笔一般有马克笔、水彩笔、荧光笔和彩色

铅笔。

你可以使用它们来给文字涂色、圈出重要信息，或者在注释的各个部分之间创建边框。

小贴士：

要避免使用渗透力太强的彩水笔，以免渗透到纸页背面，使整张纸看起来脏兮兮的。

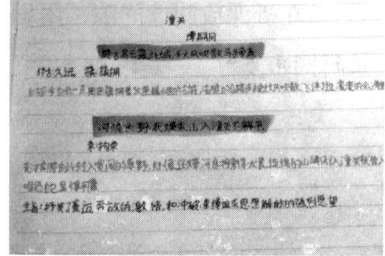
正面

背面

3. 始终如一

每种颜色都应该有指定的用途。所以，在做笔记时，要始终使用相同颜色表示相同的信息类别，这样可以避免信息层次的混淆。

比如一旦规定好红色代表主要思想，绿色代表行动项目，蓝色代表事例和数字，那就一如既往地用下去。当你翻阅所有笔记时，颜色可以起到指引你迅速找到自己需要信息的作用。

当然，为了理解并记住不同颜色标注时的含义，你可能需要在笔记本的第一页给颜色做个注解，这样即使过了很久你再翻开本子看笔记，也依然能够立刻明白各种颜色的代表意义。

4. 限制你的调色板

尽管你可能喜欢一盒彩笔中的所有颜色，但是一定要克制全部用一遍的冲动！3种颜色就可以，颜色太多容易有混乱感。限量使用颜色种类是为了突出重点，不要让书页变成一串串霓虹灯。

而且，五颜六色的笔记还说明了你的一个能力问题——分不清楚重点，弄不明白什么内容才应该突出强调。

另外，所选颜色要以高亮色为宜，可以使重点内容脱颖而出，比如浅黄色、浅蓝色等。

5. 明智地使用颜色

即使是限量使用颜色，也应该限量进行标注，只在最关键的信息上涂颜色即可。过多的颜色标注会分散注意力，导致信息超载。如果大部分的内容都是有颜色的，那就不能突出什么是重要内容了。可以把颜色编码想象成路标：如果有太多的路标，你就会受到太多信息的狂轰滥炸，甚至会迷路。

所以，颜色标注的目的是吸引你的注意力，使你的笔记更清晰，更容易浏览。

回顾：

阅读过程中，使用彩色笔标识阅读重点，会使阅读变得更有趣的原因是什么呢？

—— DIY 几张漂亮书签 ——

所有热爱阅读的人，都有"洁书癖"！生怕心爱的书被弄皱弄脏了。记得我曾将自己心爱的《简·爱》借给了一位朋友，可是当它被还回来时，封面皱了，书页被折了角。当时心疼极了！连忙用熨斗熨了又熨,直到它们重新变得平平整整后我才稍稍原谅了朋友的粗心大意。后来,我的这位朋友给了我一个很好的建议——为什么不把书签和书一起借给他呢?咦,对啊,这么好的主意他为什么当时不用一用呢?现在才来告诉我!不过,这个方法确实能非常有效地防止书页折角。

所以,别看书签小小的,不起眼,它的作用还是挺大的。不仅可以帮助我们节省翻找阅读内容的时间,还能让我们的创造力得以发挥!

如果书中夹着DIY出来的漂亮小书签,阅读过程中时时看着自己的这个小作品,相信阅读的喜悦感会更高呢。说做就做,为自己的书做几款小礼物吧!

1.简便的折纸书签

这个可爱的小胡子书签既方便又时尚,做起来也很简单。只需要一张折叠成三角形的正方形纸,大小为足以放入书页的一角,以及一个胡子模板,将该模板粘贴在三角形书签的上部。瞧!是不是很有趣?

2. 季节书签

书签也可以随着季节的变化而变化。比如正值夏天时,随身携带一本夹有冰激凌形的书签,感觉是不是很清爽呢?而秋天则是缤纷的树叶书签;冬天呢,自然是雪花书签;至于春天的书签嘛,留给你去想象吧。而你需要的只是一张卡片纸、一把剪刀及一些胶水。

制作书签的方法特别简单,只需要将卡纸剪成冰激凌的形状,然后用自己喜欢的颜色涂色,比如一个很酷的蓝色冰激凌!不用担心自己的绘画水平,因为书签上的图画不需要去参加艺术展,而且从另一个角度讲,画得越"丑"反倒越有趣味。所以,放开想象力,大胆尝试吧!

3. "手臂"书签

制作这些可爱的长脸小面孔人只需要一张卡纸、一些彩笔,或彩色纸,以及剪刀。你可以给这些小矮人上色并画上不同的表情,然后像图片里那样剪出两只长长的"手臂",就可以让它们守望着你的书页了。

第三章 如何准备阅读装备

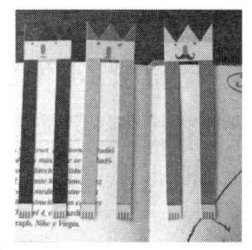

4. 绒球书签

谁不喜欢绒球？这些毛茸茸的小毛线球可以成为很好的书页装饰。实际上我自己就做了一个。瞧，它们是不是很可爱？你可以很轻松地做出各种颜色的绒球书签。材料可以是羊毛、纱线或皮革等。

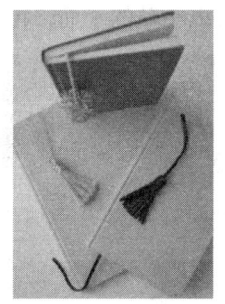

5. 心形回形针书签

看图即知，回形针书签的制作方法更是简便易学。你所要做的就是像下图那样，将回形针的一头向上折起就可以将其夹在书页上了。

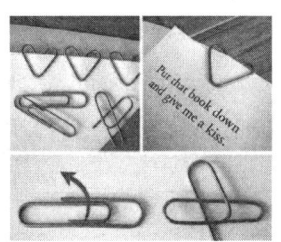

6. 领结书签

回形针除了自己可以变身成一个小书签外，还可以和一些织物或色带一起组合成一个神奇的书签。只需剪裁一些织物，使其成为领结，然后将其粘贴到大号回形针上即可。多做几个，送给你的朋友们吧。

7. 玩具书签

如果你像我一样也有收藏旧玩具的习惯，那我们也许可以让这些旧玩具发挥些其他的作用，比如一个别致的玩具书签！

尽量找一些小小的玩具（例如动物雕像或芭比娃娃），然后将其切成两半，保证有一个可以粘贴的平面，再粘到回形针上去即可。

8. 箭头书签

箭头书签既可以标记到正在读的那一页，还能够准确指向某一行。这样就能节省眼睛在字里行间寻找读到哪一行的时间！

制作方法也很 easy——一根松紧带、一张可以做箭头的硬卡片、一卷可以用来包装箭头的漂亮胶带。之后，用针线将其缝在一起就 OK 了！

第三章　如何准备阅读装备

回顾：

动手做10个漂亮的书签送给朋友们吧。

测试

好了，读到这里，你应该差不多已经了解了一些如何提高阅读效率的事项。那么，我们来做个小测试检验一下学习成果吧。

下面这些测试题目都是可以自问自答的，当你将所有测试题都看完后，你不仅会对自己目前的阅读状态有了一个全新的认识，而且可以通过这些题目的提示来帮助自己调整一些错误的阅读习惯与观念。（只需回答"是""否"即可）

1. 每分钟阅读900字以上是否可以做到？
2. 慢速而仔细地阅读是否才能更好理解所读内容？
3. 是否必须完全理解所读内容？
4. 是否必须完全记住所读内容？
5. 是否只有一字一句地阅读才能理解得更好？

6. 看小说和诗歌时，因为要感悟其内涵与语言的韵律，所以是否要放慢速度？

7. 我们是否一般以自然速度阅读？

8. 快速阅读是否会降低对所读内容的理解？

9. 遇到生词，是否一定要查字典？

10. 阅读的动机强弱是否并不影响眼睛至大脑的反应速度，也不影响阅读速度？

11. 每个字是否都应在心中默读，以有助于一字不漏地理解内容？

12. 遇到文中的重要内容，是否应抄下来，以有助于记忆？

13. 遇着好书，是否应按页码顺序阅读，而不可以先读结尾或开头结尾快速翻看？

14. 阅读是否就是两个内容：速度与理解？

答案：除第1题与第14题可以回答"是"外，其余题都应答"否"。

_____

_____

_____

_____

第四章

选书的小秘密

你能从书名中获得什么

总所周知，除了教科书外，其他书的书名都是作者煞费苦心、冥思苦想之后才起好的。其目的自然是想引起读者注意，以便让他们从万书群中将自己的书拿起来，读进去。所以，书名是非常非常重要的！而作为读者，我们完全可以从作者的这番苦心中获得不少额外的益处。

因为书名是以多种方式说明其内容的，所以它们像人一样极富个性——

有的书名个性简单，让人一目了然；

有的书名是婉约派，以含蓄的方式表达自己；

有些书名很调皮，喜欢和读者玩捉迷藏游戏。

无论是哪种性格的书名，都会使我们从中受益，比如：

1. 学习如何"简洁却不简单"地做总结

就像书的封面一样，有的书名很直接地告诉你它里面的故事内容是什么。通常，作者会直接引用书中的一个对象或角色。

例如《阿甘正传》，这个书名一看就知道是关于一位名叫"阿甘"的人的故事。

但是，你以为作者真会"懒"到随便从书中找出一个人物或事物来作为书名吗？他们当然是用了心思的。这即是作者的高明之处，看似简单随便，其实却大有意味在其中呢。

《阿甘正传》，这个书名自然是关于一个人的故事，可为什么是"正传"呢？直接《阿甘传》不好吗？产生这个想法的过程，其实你就已经中了作者的计！他就是希望你有疑惑，这样你便会不自觉地去翻阅这本书，想看看这位阿甘有什么不寻常之处。瞧，作者的目的达到了，不是吗？

再看《黄金罗盘》这个书名，你很自然地会想到它可能是写了一个关于船的故事。但是，罗盘为什么会用黄金制作呢？难道这是一条皇家大船？或者是一个关于海盗的故事？这样一想，你大约已经想看看它到底写了什么故事对不对？作者又赢了！

通过这两个书名，我们发现它们的巧妙之处就在于作者为其赋予了一种看似不经意却极为有效的附加值。虽然只用了"正"和"黄金"这样简简单单的字眼，却起到了"简洁却不简单"的效果。

2. 从书名中学习表达观点与情绪

比如《心爱的乡村》这一书名非常明显地表达了作者对于家乡的热爱和自豪之情。但读者也同时会怀有一种好奇心，想知道作者的家乡会是什么样子，以至于他那么"心爱"。于是，我们会不由自主地带着一种探索和比较的心理去阅读，以印证作者"爱"得有道理。

而且，作者依着自己的感情所取好的书名，还会引出读者自己对于同一事物的情感联想，也就是会不由自主地想到自己的家乡有没有什么心爱的地方。如此充满真情实感的书名，容易获得更多的认同感。所以我们开始阅读这本书时，就已经是走在了美好回忆的路上了。

有时候，书名也可以缓和读者对所要阅读的内容的震惊感，比如凯蒂·克劳泽的绘本《小小的她的来访》。书的内容其实是在介绍有关死神的内容，但是，作者为了降低读者对"死亡"这件事的害怕心理，在书名中并没有突出死神这个角色，而是特意将其描述为"小小的"，这样就减轻与降低了人们的情绪反应。

3. 从书名中学习创意性思维

有些书名确实极富创意性，经常看到这样的书名，然后再阅读内容之后，你会对那个书名更有感触，就会经常想到，也学习一下这种处理事物的方法。

比如在英国有本特别流行的《牛津英语词典》，自从被改名为《教授与疯子》这样一个怪异的书名后，就特别受到学生们的喜欢。因为这样为词典起名字还真是从没有见过呢，所以学生们开始越来越多地使用起这本词典了。

4. 从书名中学习制造悬疑的技巧

某些书名取得相当狡猾和出人意料，能吸引读者的全部注意力，并使其置身于对内容的强烈期待中。

如图画书《是谁嗯嗯在我的头上》和凯蒂·克劳泽的那本让人难以置信的《稀里哗啦噼里啪啦！》之类如同谜题一样的书名。从这样的书名中，你根本无法一眼看出书的内容，但是因为书名特别有趣，像一把等待读者解读的钥匙，让你立刻有想要赶紧翻开看看那个"嗯嗯"和"稀里哗啦噼里啪啦"到底是什么的阅读欲望。

还有儿童绘本《我的超级大笨猫》，这个书名也极有趣，因为绘本的封面上明明是一头目光呆滞的大象坐在猫窝里，而书名却是只"猫"，如此图文不符的反差会立刻让读者体会到作者的想法另类，而且非常诙谐幽默，似乎正与读者开着一个轻松的玩笑。

回顾：

重新看看你的每一本书的书名，你觉得它们的名字起得如何？

—— 为什么要了解作者的背景与经历 ——

我们成长的周边世界会时时影响着我们的个性、思想、价值观以及经历等，通常，我们称其为成长背景。同理，作者在写作时也会受到成长背景对自身成长的影响，诸如性别、种族、社会经济地位等。因此，<u>你越了解作者的成长背景和生活经历，你就越能很好地理解其作品中的信息与内容</u>，看出作者潜在的局限可能在何处，以及作者如何知道那些信息。

比如曹雪芹先生的《红楼梦》，只有真正经历过贵族生活的人，才能细致、真实、生动地描绘出贵族人家的种种生活细节，如房内陈设、用餐内容及礼仪、待人处事的教习等。

而即使我们只是简单地了解一点曹先生的生活经历，也可以从中找到很多与《红楼梦》相关的信息——

曹雪芹早年在南京江宁织造府亲历了一段锦衣纨绔、富贵风流的生活。其曾祖父曹玺任江宁织造；曾祖母孙氏做过康熙帝的保母；祖父曹寅做过康熙帝的伴读和御前侍卫，后任江宁织造，兼任两淮巡盐监察御史，极受康熙宠信。

雍正六年（1728年），曹家因挪用公款获罪被抄家，曹雪芹随家人迁回北京老宅。后又移居北京西郊，靠卖字画和朋友救济为生。曹家从此一蹶不振，日渐衰微，生活也因此更加穷苦，"满径蓬蒿""举家食粥酒常赊"。

经历了生活中的重大转折，曹雪芹深感世态炎凉，对现实的社会有了更清醒、更深刻的认识。曹雪芹素性放达，爱好广泛，对金石、诗书、绘画、园林、中医、织补、工艺、饮食等均有所研究。他以坚韧不拔的毅力，历经多年艰辛，终于创作出极具思想性、艺术性的伟大作品——《红楼梦》。

乾隆二十七年（1762年），曹雪芹幼子夭亡，他陷于过度的忧伤和悲痛，卧床不起。乾隆二十八年（1763年）除夕（2月12日），曹雪芹因贫病无医而逝。

只从上面的这段非常简单的介绍中，我们也可以发现很多——

首先，我们知道曹雪芹先生家曾是当时社会最高级别的贵族，而之后又由极富变为了极贫。曹先生亲身经历了两种对比度如此高的生活之后，他笔下无论是对贵族人物及生活的描写，或是对贫苦人的叙述，都是他亲眼见过的，因此他笔下的人情事物不仅可信度极高，而且细致精确度极高。

其次，因为他出身贵族家庭，所以也一定能接受到普通读书人根本接触不到的最高等教育，也必然可以看到旁人不可能买到的更多书籍。所以，曹先生的文学修养及文笔好是有原因的。

再次，从小优越的生活与教育，培养了曹雪芹的诸多爱好。他"对金石、诗书、绘画、园林、中医、织补、工艺、饮食等均有所研究"，所以，《红楼梦》里涉及的所有相关知识既全面又翔实，都是因为曹雪芹自身是个知识渊博而又喜欢钻研的人。

因此，我们看《红楼梦》时，丝毫都不会怀疑内容情节的虚假性，而且我们还会有意识地想要多学习一些相关的生活内容。比如学着做一做书中说过的某些菜肴，因为我们相信那个食谱一定是真实存在过的。

所以你明白了吧，如果我们能多了解一些作者的背景与经历，对我们理解其作品是多么有帮助，对不对？

现在很多人喜欢读网络小说，但是，其中很多作者都因为自身一没有实际生活体验，二缺少深入的调查研究，故事的人物与事件就显得特别特别特别单薄！如同一个纸片人儿一般存在于字里行间，读之乏味。因为作者没有将小说中的主人公嵌入符合其身份的生活中，而那样的生活作者自己根本不了解。自己都不知道，如何服人？

我记得曾经看过一段网络小说中的描写，作者描写的是一位富人的生活场景。他写道，"×××开着一辆豪华的汽车，停在一栋别墅前……"这就是他对富人生活的全部理解？！所以，当我只读了这一句就已经不想再看下去了。

其实，如果作者想要描绘一种富贵的生活，至少应该先去好好查阅一些相关资料，比如"豪华汽车"的特点都是什么？我们知道很贵的车确实有着不同于一般车型的独特之处，如手工制作的面板会更细腻，更有品质感，车辆开动起来的声音以及车头标都是非同一般的。如果作者能直接描写这些，而不是只用"豪华"这么一个庸俗的词来概括的话，其句子的表达力度会更强、更有韵味。所以，作者的生活背景与经历对于其作品是非常重要的。

当然，你也许会说像《哈利·波特》这样的魔幻小说也同样吸引人啊，小说中的魔幻世界在真实的生活中根本不存在，但作者也能写得很好嘛。

嗯，你说的对！

但是，如果我们了解一下《哈利·波特》作者的生活经历就会知道她的小说为什么不仅能"立"得住，而且还"吸"人无数——

J.K.罗琳从小就喜欢写作和讲故事，6岁时就写了一篇跟兔子有关的故事。罗琳在英国埃克塞特大学学习时，主修的是法语和古典文学，其中的古典文学就是全面地研究希腊神话。

1989年，24岁的罗琳在曼彻斯特前往伦敦的火车旅途中，看到一个瘦弱、戴着眼镜的黑发小巫师一直在车窗外对着她微笑。他的出现使她萌生了创作《哈利·波特》的念头。虽然当时她的手边没有纸和笔，但她已经开始天马行空地想象。于是，《哈利·波特》诞生了。

1990年，罗琳在曼彻斯特商会找了一个秘书工作，后又在曼彻斯特大学工作了一段时间。1991年，罗琳在葡萄牙的奥波多一家英考特英语学校做了英语教师。

1992年，罗琳结婚后不到一年就因为一次激烈的争吵，被其丈夫乔治独自扔在了葡萄牙的奥波多街头。而离婚后，作为单身母亲，罗琳母女的生活极其艰辛。她的第一本书《哈利·波特与魔法石》前后共写了5年，其间因为自家的屋子又小又冷，所以时常到家附近的一家咖啡馆去写作。故事完成后，罗琳多次寄出书稿均遭到拒绝。终于在1996年一个小印刷商布鲁姆伯利（Bloomsbury）接下印刷权后，小说一经出版便备受瞩目，好评如潮。

只了解上面这一小段信息后，我们就可以大致明白为什么会有《哈利·波特》这部经典。

首先，我们知道罗琳从小就喜欢写故事，这也是为什么她会在大学时选择了文学这个专业，以及她的写作功底是有基础支撑的。

其次，也是很关键的一点是，罗琳大学时系统地研究了希腊神话。你想，一个天天都沉浸在神话中的人，她的思维惯性就会使其更容易看什么都习惯性地与神话关联起来。所以，当她的脑海中浮现那样一个小巫师时，创作《哈利·波特》的念头便由此萌发。

另外，由于罗琳一直在教学，所以她的笔下就会自然而然地写出与她生活最接近的生活场景——学校！

而且，我们看到罗琳的生活一度很艰难，而这也都体现在了书中哈利·波特那寄人篱下的动荡生活中……

所以，我们再次看到许多因素都会影响作者的写作背景。包括年龄、性别、个人经历、受教育程度、生活的地域位置、文化经历、社会地位、个人财富、父母、同龄人的影响等，所有这些都会使作者对其作品中的场景、交流方式以及环境产生强大的影响。而这其中，作者的性别、文化经历和财富因素在分析一部作品的修辞情境中也非常重要。

多数女性作家的文笔及文风有别于男性，她们个人的性格特点多少都会反映在其作品中，这就是我们常说的"文如其人"。

所以，这就是为什么要多了解一些写出精彩故事的那位创造者，你对他／她了解得越多，你就能够间接整合出有利于自己的一些成长经验。

> 回顾：
>
> 你了解自己最喜欢的一本书的作者吗？

——为什么阅读纸质书会比电子书更高效？——

每当我们想获得一些学习资料时，可能首先想到的就是去电脑上查找。这样做确实也没什么问题，毕竟互联网可以帮助我们成为信息最灵通的人，使我们及时了解最新的资讯。但是使用网络信息时，还需要核查一下网络提供的信息是否真实，因为许多网站提供的信息甚至有一半都是错误的。单就这一点而言，就已经不"高效"了！而与之相比，纸质书的优势就显而易见了。

1. 固定不变的文字

纸质书的最大好处就是可以在阅读过程中随意翻至某一页，如果你在阅读中习惯为重要内容贴好便利贴的话，那就更容易了。纸质书允许你在一页中将便利贴贴在多个位置上，可以非常快速地让你找到那些想要回顾的内容。而电子书的书签不仅需要打开电子书才能看到，而且还必须有"操作"才行。

此外，由于纸质书的结构固定，文字永远不会滚来滚去，第7页上的段落始终老老实实地待在第7页。侧翻、倒翻，无论怎样变换书本的方向，它们也不会因此而多一个字或少一段话。我们能够更容易、快捷地从纸质书中找到曾经读过的内容，并且记住它们。因为书本里那"永世不变"的文字以及书本外围的牢固边框位置也利于我们记住文本的内容——"哦，我记得那段话是在中间页面的侧右上角的位置"。这就如同你入住一家酒店后，出门时总会有意识地寻找一些标识性的东西来帮助自己记住酒店的位置：门前3棵树、街角有家冷饮店等。

而电子书就不一样了，它会根据方向、关键字搜索、字体大小的设定，以及横屏、竖屏的改变等不停地变化，这便破坏了一本文字书的稳定性。想想吧，谁能记得住一个天天换脸的人？

2. 同时阅读

无论电子书多么便利，但同一时间只能显示一页，你面前也只有一个阅读器里的一本书。纸质书就没有这个限制。尤其在学习时，往往需要参考多本书。如果是纸质书，就可以平铺在桌子上，这本书上看两眼公式，那本书上找几段理论……用哪本就翻阅哪本。很难想象有谁会将电子书、pad、手机、电脑同时摆在面前，这个上面点击一下，那个上面翻查几页……那样的画面自己感受一下。

3. 营造氛围

家里有个书架，或是桌上摆放着一堆书，会时时提醒你"看看我吧"。

所以，有形的书会使你对于书架上的那些书怀有一种歉意。它们会让你想到"我真的得读一下那本书了，它已经放了好久了""好吧，那就现在开始读吧"。

这一点电子设备真的是无能为力。如果不打开它，很多时候几乎想不起它里面还有本书！

所以，纸质书通过自身形体就能督促你读书，而电子设备却总是一派"你爱看不看"的冷淡！

4. 纸质书不怕没电、没网络

纸质书从来不怕"没电"这件事应该是所有读书人的同感。即使全城停电，互联网中断，纸质书仍然可以正常翻阅，而且，只有在那时，你才会加倍觉得它们的存在是一件多么幸福的事。因为你可以毫不畏惧于停电所带来的"无聊感"！

5. 感觉自己的进步

随着阅读的进程，当纸质书的页面越来越少，以及读过的书堆放得越来越高时，你能够直观地感受到自己的进步，进而愈加强化自己想要再多读一些书的愿望。而电子书，永远让你觉得只读了一页！

6. 感官的愉悦

在我们的阅读过程中，书籍用其独有的质感、厚度、重量和气味等使我们的触觉、味觉、视觉等感官充分参与其中。也就是说，与电子书阅读器相比，书本的这些物理特性更具互动性。与书籍的这些感觉体验相比，轻薄的小型电子阅读器更有玩具感。

比如每次拿到一本新书，我们是不是都喜欢闻一闻新书的墨香味？电子书永远没有"新"这一说，更不会有气味。

而如果你正在阅读一本大部头，那么，你会觉得自己正在从书的重量中感受到知识的重量，进而会读得更认真，更有价值感。而电子书嘛，重量恒久永不变！所以，很多人都觉得阅读纸质书的感觉比电子书更令人满意，并能够产生怀旧情结。也的确有研究表明，相比从屏幕上获取的信息，从纸质书中获取的信息会给人留下更深的印象。这都源于纸质书让身体有了更多参与的机会。

所以，你阅读的每一本书都是一种全新的物理与生理的体验，因为每一本书都长得不一样。而电子书带给你的感觉永远都是——正在使用一部电脑或旧手机,而不是正在读一本书!

7. 保护视力

与电子设备相比,纸质书对视力的影响较小。屏幕阅读其实就是个盯着发光灯泡的过程,所以不宜阅读太长时间,尤其是视神经还在发育期的少年儿童!

8. 随读随写

你可以随时随手在纸质书籍空白处写下当时的想法,而电子书需要先找到备注功能键,然后再写,这时你的灵感很可能已经溜走了!而其中的一些电子书也根本没有让你写任何东西的功能。

9. 耐心

电子书旨在通过浏览、滚动和链接来提高速度,但是纸质书是为有条不紊地处理问题而设计的。而且纸质书较为宽敞的页面空间,也会让心理更容易放松。最妙的是,它没有需要展开的链接来分散你的思路。

10. 装饰

书籍不仅用于阅读,还可以装饰房间。很多书都有着漂亮的封面或书页,完全可以将其作为一幅画来装饰墙壁。而用书籍装饰过之后,房间中将会散发出智慧的气息。

11. 深度阅读

纸质书籍最明显的优势也许是它们适合深度阅读。电子书会使人分心,并且因为没有明显的肢体动作而使得书与人之间缺少了一种阅读互动性,这一细节也使得很多人特别难以进入深度阅读中。我就是如此。电脑上的电子书我永远看不进去,看过也根本记不住!

而且，我还喜欢边读边在书上用彩笔画重点，这个过程让我有一种难以言表的阅读喜悦感。就是因为这种人与书之间所产生的物理关系，使书中的内容更具有真实性。所以，纸质书确实是可以实现人与阅读内容的情感联系，而电子书显然无法满足这一点！

12. 防盗

通常，书籍对于小偷来说都没什么用！你不小心将其留在桌上，然后去柜台买份茶点，没有人会像偷笔记本电脑或手机那样去"顺走"一本书！相信我。

13. 实物储存器

你有没有过将电影票、钞票、收据，以及一朵小花、一片叶子等自己觉得可以保留起来的东西夹在一本书中呢？嗯！这是纸质书的另一个额外功能——成为名副其实的旧时记忆库。

很多时候，我会意外地从一本书中忽然发现一些曾经不知什么时候夹进去的景区门票、火车票之类的。它们再次跳出来时，我会立刻回想起那段行程以及与之相关的各种事。就此，当时和谁一起去的，我们都做了说了什么……马上潮涌回来，感觉特别温馨。

更令我高兴的事情是，当我从某本书中发现一两张钞票时，简直像中了大奖似的，很兴奋，仿佛那钱从天而降，是一笔意外之财，会开心好久。

电子书是永远都做不到这些的！

回顾：

与电子书相比，阅读纸质书更高效的理由是什么？

——有了网购，为什么还要去书店？——

书店并不只是个售卖一堆有文字的纸的地方，毫不夸张地说，书店是为精神准备的盛宴。它能使人脱离平凡的生活、习惯性的思考，进入另一个独特的世界。

无论大型书店抑或小型书市，它们都是盛放人类集体思想与知识的殿堂。所有书店都拥有一种神圣的氛围。无数优秀、聪明、有趣的人为读者提供了无边无际的可能性。

只有身处于书店中，你才会直观地发现世界上的思想竟是如此多元而丰富。所以，在这个真实的空间中，你可以与平日里难以触及的事物联系，并由此产生思考、灵感。图书馆也同样如此，但它与书店之间还是有区别的。

图书馆的书虽然免费提供，但却不能长久拥有。你在选择时的随意性会很大，因为如果拿回去不好看，还可以再去换取其他的书。而书店则不同，你需要稍微慎重地决定到底买哪本书回家。因为一旦选择后，它就会永远属于你。一旦不好看，你也只好在空间并不特别宽余的书架上再委屈地多摆放一本。但如果你经常选错，那么就拥有了一堆自己不太喜欢，也根本不打算看，却无法处理掉的"废书"，既费钱又占地方！所以，每次去书店时都会让你产生一种敬畏之心，因为你是要带一两位"朋友"回家，它们要就此成为家庭中的一员，自然是要选择那些与自己心性相契合的才好，不是吗？

而网络购书除了节省体力，不用外出之外再无优势。因为在网页上选书，限于页面呈现有限，而且网站还会自动推荐若干同类书籍，使人不知不觉地一个网页一个网页地点击下去，往往费神且损伤视力。总算找了几本之后，两三个小时已悄然流逝，所以网络购书其实并不节省时间。

不仅如此，通过网络买回来的书犹如猜谜一般，你根本不知道进入家门的会是一本怎样的书。因为网页上展示出来的几页内容很多都是出版方刻意寻了全书最精彩的文字、最美丽的画面，就这一点夸大的展示就已让我上当数次！虽然有的网店很大方地承诺可以免费退换，但，爱书之人总是对书有些偏执而盲目的喜欢，即便对书并不满意，却又想着既然都买回来了，就留下吧！因此，从网上买回了很多"妥协"之书。也正因此，阅读它们的积极性随之小了很多。如此一来，无论从金钱、时间、空间，抑或效率来讲，都有些浪费。

可是，每当我们走进书店，即使不打算买书，也会被那些完美的书迷住。它们一本一本陈列在那里，引人入胜，神秘而诱人。一本优质的书，可以成为我们生活的希望和奋斗的起点。更重要的是，书店里的大部分书都有样品，翻阅后你可以大概知道那本书到底写了些什么。如此一来，我们总能选到几本最心爱的书，将它们带回去。一路上，时不时地拿出来看看，心底充满满足的喜悦。这样的心境感受，是网上的书店永远都无法提供的！

小时候，我最喜欢去的商店便是书店！因为感觉那里既能让我获取到最好的知识与信息，也是能让我逐渐变强大的最佳场所。即便现在可以在网上直接购买书籍，但我还是喜欢没事去书店里逛逛，去那儿真实感受众多书本带来的神秘感。漫步在书店里仿佛是在茂密的丛林中寻险,你永远都无法知道会遇到怎样的奇书怪论。所以,逛书店真的犹如去寻宝,流连在一排排书架前,去探知新奇的世界!

回顾:

书店里买书的好处是什么?

—— 创建阅读清单之前要做的事 ——

你有没有一份上面列着所有准备阅读的书目的阅读清单?你是不是每次在看到或听到一本好书时,就会习惯性地把它添加到自己的书单中?如果你还不曾拥有过阅读清单,那我建议你赶紧准备一份。因为多项研究证明,良好的阅读清单可以大大改善学生的学术经验,提高其信息素养的技能,同时也是其课程学习的一个宝贵的路线图。

不仅如此,一份不错的阅读清单也可以为读者节省到处寻找可读书籍的时间,使阅读行为能够一直保持连续性,从而利于青少年养成爱阅读的好习惯。

不过,从零开始创建阅读清单是一件非常花费时间和精力的事情,所以在你动手准备前,下面的这些提示和注意事项可能会对你有所帮助——

1. 解决你的阅读积压问题

如果你已经积攒了很多书却还没有读完,那么请再仔细查阅一下，以确定哪些是你仍然希望阅读的，然后将它们重新列入你的阅读清单中。而那些你决定放弃的，可以将它们集中在一处，每次列书单时都放一本进去。这样做的好处是，我们对一个事物的想法是有变化的，这些从前觉得不想看的书，也许过段日子又想读了呢？所以，每次都加一本这样的书进入你的阅读书单，其实也是在给你和那些书一个机会。

2. 根据你的可用时间寻找合适的书籍类型

如果你没有充足的阅读时间，那就考虑寻找一些中短篇小说、散文或诗歌集等篇幅较少的书籍。不过，你也要记得为假期专门预留一部分长篇类的书籍。

3. 确定明确的阅读时间

在创建阅读清单时，我建议你将要阅读的时间也一同确定好，比如夏天的阅读清单、本学期阅读清单、××××年阅读清单等。无论限定在哪个时期，你的阅读时间范围应有明确的开始和结束日期。请尽量减少制定诸如"我上大学前要读的书"或"我20岁前要读的书"这样的远期目标。

另外，你还应该确认自己愿意花多少时间去阅读。如果你每周只有两个小时的阅读时间，那么可能要在这个基础上做一些推算之后再决定自己书单上的书籍数量。否则你的阅读清单很有可能会变成一份"跨年书单"。

4. 阅读书单中的书籍要尽量涉猎广泛

要确保你的阅读清单中的书目涉猎广泛，包括一些不同类型（小说、非小说、诗歌等）的书籍。所以，考虑你要列入名单的作者，尽量选择一些背景不同的作者，比如国籍、性别、职业、民族等。

无论你的阅读清单是3本书、10本书或是20本书，都要围绕着你感兴趣的主题进行选择，比如食品的历史、太空探索、玩具、游戏、动植物等，任何主题都可以。

5. 要保证阅读清单能够随时添加

你的阅读清单上应始终留有一些空白，用于添加一些计划外的阅读书目。

6. 让图书馆成为阅读清单的后援

一旦你列出了自己想看的书目，便很快就会遇到如何得到它们的问题。可能有学生无法负担几十本书的购买费用，所以你居住的城市中如果有一家图书馆就显得无比重要了，它将成为你的主要供书地。当然，如果没有的话，发达的网络也是个相当不错的供书源，要学会好好利用开发它们的这一海量资源。永远记住，网络并不仅仅只是个游戏的空间，让它成为你的"图书馆"，这才是你上网的最佳选择！

总之，阅读清单会让阅读活动进行得更加顺利和愉快。比如你准备丰富自己的历史知识，或者想阅读青少年写的书……这都意味着你已迈出了成功完成阅读清单的第一步。

如果你已经将以上几项准备工作的要点全部铭记在心，那么接下来就可以为你的清单一本一本添加书目了，而这才是最耗费时间与精力的一步，需要你多渠道去书籍的海洋中"寻找"自己的"大鱼"！

回顾：

动手为自己制作一份年度阅读清单。

—— 如何从书籍的海洋中选你的"大鱼"——

为自己选择心怡的书就像在为自己选择最美味的点心一般，每一本书的寻找过程都像是一种非凡的体验。科幻、冒险、神秘……各个领域的书一下子全都围绕着你，任你挑选，而你置身其中，仿佛在书籍的海洋中寻宝一般。可是，面对着成千上万的选择，你可能很难一下子知道自己到底想读什么。你一定想读一些新的东西，可是一时又不知从何选起。所以，如果你能得到一些正确的指导意见的话，那么，选择一本自己喜欢的书是超级容易的！你可以——

1. 按类型选书

你喜欢什么类型的书？这是你选择每本书之前必须要明确的一个问题。这其实也可以帮助你进一步发展和深入你的兴趣点！这一点很重要，如果你可以在少年时期就能对某些领域颇为精通的话，它预示着你很有可能会在未来从事一份自己真正有兴趣的职业！能做到这一点的人可是非常幸运的人！

不过，作为初期进入阅读领域的你而言，现在无法一下子就能够明确知道自己喜欢什么类型的书籍。你必须要将所有类型的书都尽量去涉猎一些，才能确定自己的阅读喜好。

下面的书籍类型推荐给你，你可以参照这些类型去选择。

（1）人文类。

A 哲学、B 宗教、C 伦理、D 逻辑、E 美学、F 心理、G 语言、H 文学、I 艺术、J 政治、K 经济、L 军事、M 法律、N 教育、O 体育、P 传媒、Q 资讯、R 管理、S 商贸、T 历史、U 考古、V 民族、W 生活、X 财金、Y 统计、Z 社会。

（2）自然类。

a 天文、b 地理、c 数学、d 物理、e 化学、f 生物、g 机械、h 电信、i 水利、j 电力、k 纺织、l 食品、m 建筑、n 矿山、o 冶金、p 能源、q 交通、r 航天、s 医学、t 工学、u 农学、v 林学、w 养殖、x 电脑、y 环保、z 信息。

2. 向你喜欢的作家"咨询"书籍的踪迹

通常，我们遇到作者的概率是非常小的。不过，他们总是会留下一些关于阅读建议的线索——去查阅作者的生活与写作经历时，你一定能看到有关他们曾读过或研究过某些书。按着这个线索，你可以去找找看。这样一来，你不仅可以和你喜欢的作者一起阅读同一本书，还能更了解该作者以及其作品呢。所以，你可以整理一份你喜欢的作家的阅读清单，把它列在你能看到的地方，这样你就可以随着时间的推移与查阅资料的深入而不断添加新的书目。用不了多久，你就能知道自己读过哪些书，哪些书是自己真正想读的。

3. 尝试一些陌生的领域

每个人的知识领域都不会是非常全面的，大家都喜欢在自己熟悉的领域里找信息。不过，经常跨领域去读一些陌生的内容，不仅可以拓展你的视野，说不定还能帮助你发现一个自己从前所不知道的兴趣点呢。

所以，一个合格的读者不应该将自己局限在一类书籍中。这就如同吃饭只吃一种菜的话，一方面会营养严重失衡，另一方面也使得口味过于单一。那么如何让自己成为一个读书"味觉"特别丰富的人呢？我们应该读些什么书呢？

无论我们的阅读段位到了哪一阶，我们都要力求自己阅读广博！任何领域的书都接触一些，对我们绝对有好处。

建筑类的书确实对建筑专业的人有着极大的帮助，但是，如果你能找本写得通俗易懂的建筑类书籍翻一翻，可能就会对建筑的审美与建构有了一点知识，就不再是建筑业的"门外汉"了。至少你比别人多知道了一点类似中式古建筑中有个"飞檐"的知识。

所以各领域的书，比如艺术、设计、物理、历史、生物等都去看看，总能找到一本浅显易懂的书。因为无论哪个领域，都会有入门级别的书等着你。总之，多领域的阅读肯定会让你获益匪浅。

4. 请别人推荐一本好书

你可以问问你的爸爸妈妈最好的朋友，甚至你的老师，他们喜欢或正在读什么书。和你有共同爱好的朋友或家人经常能给你推荐很好的书。当地的小书店也会有很棒的书目推荐活动，如果你经常光顾并与店主熟悉，那么他们会把最新出版的相关书目第一时间推荐给你。

5. 阅读报纸和杂志上的书评

阅读大多数报纸或杂志上的畅销书排行榜也是一个不错的选择。多了解一下哪些新书成了头条新闻，以及为什么，会让你从选择中学会判断与甄别。

6. 加入一个读书俱乐部

成为图书俱乐部的成员通常是一种获知并体验新书的非常好的方法，否则你可能永远不会有动力去阅读。如果你的身边没有这样的读书俱乐部，那么，就来组建一个吧。这样不仅可以锻炼你的策划和组织能力，还可以帮助你找到更多和你一样喜欢读书的朋友。你们可以互相阅读别人读过的书并且一起讨论它们，这样也更增加了读书的乐趣。

7. 随机选择

从书架上拿起任何看着似乎有点意思的书，读几页！就像你和书籍们玩了一个捉迷藏的游戏，比如，顺着书架数到第9本书，然后，抽出来看看是本什么书。你一定会对自己看到的内容感到惊讶的，因为那仿佛是突然间掉进了一个未知的世界。

回顾：

询问10个人最近正在看什么书。

—— 提升阅读效率的排版 ——

很多人买书都没有特别注意过书的版式设计，也就是说每一页的文字是如何排列的，图画是否让人看着舒服，等等。要知道，具有视觉审美性的版式不仅能够潜移默化地提高我们的视觉审美能力，还能间接提升我们的阅读兴趣和效率。这一点你可能第一次听说吧？

不仅如此，由于我们自身还处于身体发育阶段，书本中的文字是大还是小、图画的色彩鲜艳与否、画面是否生动等都会对我们视觉的发育产生影响。所以我们在选购书籍时，除了考虑适合的年龄段外，还要多注意书的外观、版式等物理因素。那么，什么样的书籍更适合我们呢——

1. 纸张不能太白

虽然大多数书籍的纸张都是白色的，但是白色也有各种白，比如亮白、米白……那种特别刺眼的白色，就会产生很强的反射光线。如果盯视这样的书页太久，就会因为刺眼而感觉不舒服，特别容易造成眼部疲劳。另外，对于许多人来说，白纸黑字的对比会使文字看起来有移动或振动之感，这也同样会使眼睛不舒服。所以，选书时尽量选择色彩柔和、接近自然的白色的书页，这样的书页反光不太强烈。

当然，很多情况下我们是无法左右纸张颜色的，不过，你可以做些"颜色叠加"。你可以尝试用一些低反光且透明度较高的淡淡的彩色玻璃纸覆盖在书页上，最流行的颜色是淡淡的蓝色和黄色。如果是屏幕阅读的话，可以调整一下背景色。

2. 以内容为主，色彩不能喧宾夺主

我们看到的书一般分为两种：以文字为主，或以图片为主。如果以文字为主，那么如果书页中所配图片过于抢眼，就会分散我们阅读文字的专注力。所以，一本内页颜色丰富的书，更适合放松时阅读。

而下面这张图中页面的排列就很合适。线条分割，显得井然有序。图片也不是很大，比例合理，文字没有被挤压感，版面简约，视线行走在字里行间也很舒服。

3. 色彩不能太过艳丽

有些儿童书籍的页面会被大量色彩缤纷的图画所占据。可是，这些颜色鲜艳的图片也不宜长时间盯视，因为大量的颜色堆积在一起的话，看得时间长了会减弱我们对于自然颜色的分辨敏锐度，同时还容易引起视觉疲劳。所以这也是一条选书标准，即书中的色彩不宜过分浓艳纷繁。亲爱的读者，你们有没有遇到过颜色艳丽的图书呢？一定要注意保护视力哦！

4. 画面不要太过琐碎

儿童书籍的画面如果看起来很复杂，阅览起来会觉得很吃力，因为要分辨的内容太多，增加了眼睛的工作负担，同样容易引起视觉疲劳。所以，应选择一些画面不是特别复杂的书籍。

5. 行间距足够宽

行间距是影响阅读体验的关键因素之一，太过致密会增加辨别文字的难度。所以应选择将行间距排列得相对宽松一些的书籍。内容更容易被识别的同时，你的阅读效率也会随之提高。

6. 字号设计得更大一点

毫无疑问，字号适当放大会让人感觉更舒服。尤其对于眼睛正处于发育时期的你来讲，太小的字看久了，不仅增加了你成为"小眼镜"的风险概率（如果你已经是了，那更不能让你的镜片变得像啤酒瓶底那么厚），也为你想从密集文字中快速找到所需信息设置了障碍。

所以，别小看一行行文字及每一幅图画的安排，高级而细心的版面设计对我们的帮助可是非常巨大的！

回顾：

尝试为自己最喜欢的一本书重新设计封面。

—— 为何不能只依赖网络信息 ——

网络信息与书籍信息的最大区别在于——从一本书中看到的世界更全面、更详细、更准确！

因为一本书的观点必须——"完整、真实、科学"才能出版。

而网络上介绍的内容，基本都是——"碎片化、随意性"的。你无法确定信息的真实性与可信度，而且如果你还想再多知道一些，就必须费力地去四处搜索查找，费时费力还不全面。

但是，一本好书却能让你轻松阅读到别人费尽心力、用时几年甚至十几年才收集、整理、提炼、总结出的经历与经验。

其实，网络阅读与看电视的效果差不多。尽管网络如万花筒般充满了无穷无尽的知识，但网络阅读绝对和阅读一本好的纸质书的经历不一样！

因为——

纸质书的主题之丰富不仅令人震惊，而且每一个主题都经过了深入的研究与诠释。

纸质书仍然是传播大量知识的最紧凑和最便宜的载体。

纸质书易携带。

纸质书不需要电！

纸质书不怕重压。

而且，纸质书还拥有独特的印刷和制造工艺，每一本书都有着自己与众不同的长相和个性！

纸质书的种种优点，使其成为有史以来最方便读者使用的知识存储器。

另外，互联网永远不会取代纸质书的另一个重要原因是，那些希望成为作家的人希望将自己的作品永久地以纸质书的形式出版，我就是这样的人。如果我的文字只是单纯的电子版，由于我无法真实地看到、摸到、拿到它，所以总感觉它并不真正属于我！而且，如果文字都存储在电脑中，我还得时时担心因为电子设备的损坏而失去它们。事实也确是如此，我曾经因为电脑硬盘故障而损失严重！

既然说了纸质书的那么多好处，现在就再说说从网络获取信息的坏处吧。这也是为什么不能只依赖网络信息的主要原因——

1. 海量的信息，并不能使你真正拥有大海般的阅读量

网络信息确实是"海量"级别，但是这并不代表你就能全部拥有。因为它们太过碎片化而散落在网络的"黑洞"里，而你能从中得到的也只是几个碎片信息而已。简单讲，就是你的信息量不全面、不系统。

就如同你住在一幢400平方米的大房子里，看似你有几十个房间，但你真正能置身其中的其实只是其中的一间。你永远无法同时置身于所有的房间。你的手机社交媒体上纵然拥有100个朋友，但真正与你经常联系的也就只有一两个。网络信息也是如此，看似海量，但你每次也只能用到一两条。

2. 网络信息，好坏难辨

互联网是一个充满各种信息的复杂而动态的环境。不幸的是，其中一些内容并不友好。想要区分好信息源和不良信息源不仅困难，而且也耗时耗力。我们上网阅读也并不是为了去充当内容侦探。

3. 让大脑变得又懒又笨

由于互联网上的信息深受智能化筛选的控制，它那便捷搜索信息的能力，以及可以根据你的浏览内容与兴趣自动推送出相似信息的能力等，使得我们几乎什么都不用做，只需轻轻点击鼠标，信息就会源源不断地呈现出来。

可是如此轻而易举地操作与获得，使得大脑不用再费力去想办法获得信息、选择信息、总结信息……时日一久，大脑自然会变懒。

比如自从有了智能的 GPS 导航系统后,根本就没机会锻炼大脑"看地图"这一能力了。可是,当大脑越来越懒时,我们自己会怎样呢?嗯,如果顺着这个推想下去,几乎可以写出一本科学幻想小说了吧。你可以尝试一下!

4. 不清楚信息源自于谁

书籍之所以更可靠,是因为我们能够明确地知道哪些内容是由谁提供的。对于一些科学性的内容,我们还因为确切地知道作者的知识背景而觉得更为可信。但是,关于网络上的信息,我们根本不知道到底是谁放上去的,因此我们也就无法确定那些内容的真实度。

5. 网站内容的时效性没有保证

我们可以从一本书的出版时间来判断其内容的价值有效性。比如我们想知道今天的人口数据,显然就不能去一本20世纪50年代出版的书里查找。但是,网络信息很多都是 A 网站粘贴到 B 网站。如此一来,你就无法知道信息的时效性,也就不能底气十足地向同学吹嘘说:"我看到的绝对是最新消息!"因为,一旦它被人发现其实早就是"石器时代"的新闻了,那你肯定会很"没面子"!

回顾:

从网络中获取信息需要注意些什么?

有声读物与纸质书籍，读哪种更合适？

自从有了"有声读物"这一神奇的东西之后，很多人的阅读习惯也随之改变。因为有声读物看起来似乎更加便利，可以边走边听，边做事边听……我的一位拥有一目十行"阅读神力"的朋友，自从接触了有声读物后就再没碰过一本纸质书……这是多么可惜的能力浪费啊！

不过，也有人对此提出了质疑，他们想知道听书和看书哪个更高效。那么，现在我们就来看一看两者的区别——

首先是听书的好处：

好处1：方便

这是听书的最大优点！正如文首提到的，我们只需要一副耳机就可以一边做事一边听书。这样就可以把时间有效利用起来，多棒！

好处2：可以听完一本原本没耐心看下去的书

很多书就像硬骨头，既觉得它很重要需要了解，但又觉得它不够有趣，读起来特别费劲。这时候，听书就能让我们坚持把它"读"完。因为有声读物的优点之一就是无论你听与不听，它都会不管不顾地给你"念"下去。

例如，我最近一直在听一本关于建筑史方面的书。这本书其实就是为普通读者写的，但它仍然很专业，有很多较难理解的信息。如果让我坐下来，一页一页地读下去，相信它最终会被我弃之一旁。因此，我干脆找了音频版"听"完它！尽管书中的很多内容在一听而过中很容易被遗忘，但至少我完整地知道了书的全部内容，就此也了解了建筑史的梗概。

所以，有些书如果在你的阅读列表中并不是高度优先级，那它的命运通常只有两种：要么通过有声读物听完，要么被遗忘在书架落满尘灰。你应该如何选择呢？

好处3：帮助提高阅读理解力

与纸质书籍相比，有声读物还有另一个优势，它能帮助我们更好地理解一些我们自己读起来晦涩难懂的内容。因为优秀的朗读者会带着感情，如同在表演一般地去朗读，这种表现力有时可以帮助我们理解那些自己不常使用的词句。例如，莎士比亚戏剧中的那些语言，当它们被一个优秀的朗读者大声朗读后，就比我们自己阅读页面上的文字要容易理解得多。而听富有感情的诗歌朗诵通常也比自己默读记忆深刻得多。

好处4：帮助阅读障碍者提高阅读能力

有声读物已经被证明可以帮助阅读障碍者提高阅读能力。通常，阅读障碍者多是因为视觉对书本上的文字的识别有困难，所以，听书对他们而言是可以良好阅读的最好选择。

但是，纵然听书千般好，也有不足！尤其是对于学习而言。比如：

局限1：理解和记忆效果差

如果你在听书过程中遇到一些不太理解的段落，你将无法像阅读书面文字那样轻易地回顾或重新阅读那些文字。另外，你还无法像在书上做笔记那样，可以随手将重要的文字段落画出来或写下你对那句话的观点与评论。就因为少了这些阅读所必需的步骤，所以，大脑对于听到的内容总是印象浅淡一些。

局限2：看永远比听更快、更高效

你可能也早有体会，视觉阅读要比听书的速度快得多。据统计，大多数有声读物的朗读者每分钟的朗读速度为150~160字，这是多数听众的最佳收听速度。而阅读则要快得多，即便是最普通的阅读者，其每分钟都能够默默地阅读250多个字，而熟练的读者则可以轻松地以每分钟500~900字的速度阅读。这要比朗读的速度快2倍多。

局限3：更容易分心

据研究表明，听书者比阅读者更容易分心！这也是我们一开始说到的听书的"优点"之一——听书可以让人边听边做其他事。这也很好理解。大脑需要同时处理两个任务时，自然不如只执行一个任务更高效。为此，研究者还曾做过一个试验。结果毫无意外地得出——阅读者对文本信息的记忆力要比听书者好得多。因为在试验中，阅读专业文章的心理学学生在随后的测验中的得分始终高于听书的同龄人。其实对于这一点，我们自己肯定也是深有体会的。

那么，到底应该选择哪种方式进行阅读呢？其实根本不能用简单的非此即彼来决定，要懂得灵活应用。用哪种方式更好，取决于你在读什么，为什么读……如果只是为了休闲，比如小说类、诗歌类等，你完全可以享受听的乐趣。而如果想要实实在在记住些什么，那你只能一个字一个字老老实实地读下去。

回顾：

体验同一本书的有声版和纸质版。

第五章

成为阅读"达人"

绕过阅读绊脚石

你一定遇到过这样的时候：好不容易看完一本厚厚的书，结果却发现前面读过的基本都忘了。这真的挺让人泄气！那么，到底是什么原因导致我们的阅读效率如此低下呢？下面我们来分析几种可能的因素。

1. 朗读

朗读是种群体阅读的活动，朗读的乐趣在于能与别人一起分享自己喜欢的书籍。但如果一个人看书时还在大声朗读，那朗读就会成为提高阅读速度的绊脚石。因为大声朗读比默读要多花2倍的时间！更重要的是，朗读还会严重妨碍你对文本的理解力，因为大脑最喜欢静悄悄地思考那些刚刚看完的文字。如果你是用朗读的方式读完一篇文章的话，那么你的全部注意力就放在了朗读得是否准确、音调是否合适上，这需要让大脑指挥语言区、运动区来同时完成这个工作。这样的过程已经够忙活了，因此深度理解文字的任务只好先被搁置一旁。可是朗读完之后，你如果没有再回顾一遍的话，大脑就会将其忘记了。

◇绕过绊脚石

一个人看书时,闭紧嘴巴!

2. 默念

大多数人从小就被培养出了默读的习惯,小学老师对此"功不可没"。记得小时候,他们总是一遍又一遍地告诫小朋友"别出声,要默读!"除此,可能没有教过我们其他的阅读技巧。于是,从那时起,我们就开始养成在大脑不思考,但嗓子眼儿深处不出声"读"书的习惯。

◇绕过绊脚石

说实话,这个习惯因为是常年形成的,几乎不太可能一下子就做出大的改变。不过,我还是找到了一些小技巧来帮助大家来改善——比如:

· 阅读时嚼块口香糖或故意哼唱点什么。这样就让用来发声的肌肉忙得顾不上帮你"读",大脑只能再调用其他方法来完成阅读工作。

· 如果阅读时嘴唇总是要不自觉地低声朗读,那就用手指按住嘴唇,通过外力给其一定的约束。

3. 指读

有人习惯用手指着词句移动着阅读。我爸爸就是"指读+小声朗读",所以他看一本书又慢又费劲。这样的习惯自然也会阻碍我们的阅读速度,因为它不仅增加了手指移动的动作,而且手指还必须要在窄窄的行距间准确移动,注意力同时分配在了手指精准移动和理解语意上,阅读效率自然而然就低了。

◇绕过绊脚石

管住那根喜欢指挥的手指!

4. 周边视觉广度不够

周边视觉广度指的是当我们的眼睛盯着某一点时,眼睛的余光能看到的字数。注视范围越大,停留在书页上的注视时间就越短,这就意味着阅读速度会更快。但是由于很多人习惯一个字一个字或一个词一个词地阅读,这样注视范围不仅狭窄,增加了视觉在书页上的停留时间,还因为视觉总是在不停地移动,反而更容易出现漏看或串行的情况。你是不是正是如此呢?

我们可以用刚刚读完的这段话来做个小测试。

如果你在看书时,是一个词一个词地进行视觉识别的话,就是下面这样——

"周边""视觉""广度""指的是""当""我们""的""眼睛""盯着""某一点""时"。

你看,你的视觉需要移动11次才能将这半句话读完。

◇绕过绊脚石

如果你调整为——

"周边视觉广度""指的是""当我们的眼睛""盯着某一点时"。

这次,视觉只停留了4次就很快读完了。

所以,扩大视觉广度意味着如果能够在最短时间内识别更多的字词,减少每行的视觉移动频率,那么阅读速度自然就会变得非常快!

不过,对于初学者来说,单纯依靠眼睛去独立断句还是有些困难,因为很容易会因为看串行而不得不再重新看一遍,这反而减缓了阅读速度。

所以，我推荐你使用一支笔来帮助眼睛分隔字词。你会发现这个办法非常好用！注意，我说的可不是沿着每行字快速移动笔尖。那样依然会干扰视线，而且当笔尖从行首滑行到行尾时，眼睛所做的动作依然是一个字一个字地横扫过去。

我推荐的方法是，用笔尖来帮助眼睛进行物理断句！比如下列文字——

有效的阅读需要☆持续的注意力，因为它提供了一个积极的准备过程，☆在这个过程中，读者的目标☆是全面地阅读文本。持续的注意力是将注意力引导到一个主题上，并在很长一段时间内专注于一个特定目标的能力。它也有助于提高文本认知理解。

上文中的五角星代表着你的笔尖要停顿的地方。当笔尖在一段话的某处落笔时，你的目光会不自觉地追随过去。笔尖点过去得越快，跨越的字词越多，你的阅读速度也就随之提高。

最开始时，可以先定时2分钟，小跨度地点顿笔尖，即使你什么都没看懂，也要专注于文字继续看下去。到时间后，休息一分钟，然后让笔尖点顿得更快些。持续练习5次之后，再定时3分钟，继续重复以上操作。随后，逐渐增加定时看的时间长度。坚持练习一段时间后，你就可以轻松地"一目十行"了。

5. 往返阅读

我们阅读时的目光常常会不自觉地回退到之前读过的字词上，这就意味着重读了一遍，阅读时间自然随之增加。

◇绕过绊脚石

一边读一边用一张小卡纸将读过的内容盖住，这样会使你逐渐养成"向前看，不回头"的习惯。

这样做有4个好处：

①当被迫要一直向前看时，你会发现随着语句不断延伸，你已经整体理解了阅读内容，根本不必和前面某几个没看仔细的词句继续纠结了。

②由于用纸遮挡了一部分文字，这样也就减少了无数文字对视线的干扰，使你更容易集中注意力。

③为了能更好地理解并记住看过的内容，你会无形中看得更仔细些，因为你知道不能"回头看"了。

④有些行为习惯其实也能间接影响一个人的整体生活习惯。如果你能在阅读中养成"不再回头看"的习惯，做其他事的时候也许也能慢慢受其影响，做事就会"勇往直前"了！

6. 让词典歇一会儿

我记得最开始阅读英文小说时特别依赖于词典，几乎每看到一个不认识的单词都要赶紧去查词典。这样不时停下来的阅读方式很不舒服，因为需要不断回头重新阅读那些我不理解的句子或段落。我总觉得，如果不把每一个词都搞懂的话，我就无法很好地理解整本书的意思。

结果你一定能猜到，我不仅读出了蜗牛般的速度，而且费力读了一大段后发现，即便把所有不认识的单词都查了出来，依然弄不明白整句乃至整段文字的意思。

最终，我意识到如果再这样一个词一个词地查下去，我永远也读不明白那本书的内容，也永远都读不完那本书。因为我的全部注意力都分散在了每一个单词的独立词义上。

◇绕过绊脚石

我的老师解救了我。他让我"放过那些可怜的单词",说那些零散查出来的单词对于我欣赏整本书而言并不是必需的。我只需要将上下文很好地融在一起去理解就可以了。

他说,一段话如果由100个词组成,我只要认识其中的六七十个词就已经能够看得出整段话的意思了。

于是,此后我努力克制着自己想查词典的冲动。对那些不认识的词,除了给它们画个圈外,我就不再多在乎它们了。我指使着眼睛别停留,要一直一直往后看。

结果你猜怎样?我不仅很快读完了一个章节,而且还基本读懂了!

当然,我还是比较心软,不忍心对那些被圈起来的词真的不理不睬。所以,在准备休息前,我挑了几个"出镜率"较高的词,查了查词典。而且因为它们出镜率偏高,所以查完词典很久后,我还对它们印象深刻。

回顾:

你在阅读过程中遇到的最大的阻碍是什么?你用了什么办法克服?

制订一年阅读50本书的目标

上文提到，凡事只要有了明确的目标，才更有希望现实，读书也是如此。所以大胆地给自己定个一年"必须"读50本书的大目标吧！为了防止自己犯懒，一定要做好两点：

第一，一定要将这个重大决定告诉你认识的每一个人，让他们成为你的阅读监督人。

第二，将"50"这个数字写在一张A4纸上，能写多大就写多大，贴在你的书桌或床头。醒目的大数字会每天提醒你想到读书进度执行得如何。

但是，一年内真的能够读完50本书吗？别怀疑，真的能读完。只要你现在就开始读！很多人在一年里都能阅读100本书呢，比如我！

为什么一定要读50本呢？因为阅读习惯、速度、效率和打乒乓球一样，是需要训练的。如果只读一二十本书的话，由于训练次数不足，你就无法成为一个"读书闪电侠"！

相反，如果你能够每天阅读，这样你会变得越来越喜欢读书，读得越来越多，越来越有效率！千万别低估了阅读过程中量变的重要性。

此外，如果你再把时间量化一下，就会发现其实阅读50本书是件特别简单的事。因为通常一个人大约能在一分钟内阅读500~900个字。假设是500字/分钟，500×60=30000字/小时。一天用于阅读的时间如果只有一至两小时，那么500×60×2=60000字。如果一天能看6万多字，那么一本20万字的书，你用三天时间就可以读完。

另外，一年有52周，如果你能做到每周完成一本，那么超量完成阅读任务会很难吗？（当然，你需要先设定一分钟的闹钟测试一下，看看自己目前的阅读速度是多少，这样你就能算出自己看完一本书大约需要多少时间了）

有了明确的阅读数量后，接下来你还要为自己选择一下阅读范围。我的推荐是——撒网式阅读，也就是什么类型的书都要读一读，比如诗歌、小说、传记等。不过，如果你能在自己熟悉的阅读范围基础上，再尝试着扩大一下阅读领域，为自己设定一些阅读难度，你很快就会受益匪浅！相信我！

回顾：

请分别定出月度、季度、年度的阅读目标。

—— 如何做到几个月后仍能轻松回忆阅读过的内容 ——

如果我从你的书架上随机拿起一本书，你能准确地描述其中的情节或重要内容吗？我猜你可能不能，对不对？

我们都有这样的切身体会：花费了大量时间读过的书，过些日子再翻看时却发现似乎从没看过，所有的句子又都变得新鲜而新奇了（当然，教科书除外）。

其实，这一点儿都不奇怪。大脑就是这样，它根据我们阅读的次数来决定哪些内容需要帮我们遗忘掉，以便腾出空间来更高效地容纳其他更重要的内容。所以，如果一本书我们只看过一遍的话，那大脑就觉得这些内容一定不是我们很需要的，因此，它就直接将其删除。

有研究表明，人类大脑中的忘记曲线在阅读后的24小时内是最关键的。也就是说，除非你能够在一天中积极努力地回顾自己读过的内容，否则很可能会在一天后忘记许多内容。此后，随着时间的流逝，你会忘记得越来越多。

不过，请不要沮丧，我可以告诉你一些方法来帮助你消除这一烦恼！

1. 回顾式阅读

对待你喜欢的书应该像对待你喜欢的游戏一样，要记得经常回访一下。比如每天留出至少20分钟时间进行回顾式阅读。一定不要隔了很多天才去"探望"，否则你的大脑可能已经将它清空了。

别担心，回顾式阅读不需要你重头再看一遍。只是大致浏览就可以，即便只是重新阅读最后一章、最后一个段落，甚至最后一页都是很有帮助的。这一方式与电视剧在下一集开始时都要回顾上一集中发生的情况相似。

2. 保留阅读日记

你是否想记住自己读过哪些书以及每本书里都发生了什么？对于这一点，没有什么比保留阅读日记更好的方法了。记下标题、作者、重要的内容要点、角色名称……一切你觉得自己以后希望用到的内容，都请将其安全地保存在你的阅读日记中。但是，时不时地翻翻才会记得更深刻。

如果可能的话，你可以尝试着将日记拍成图片上传到你的自媒体空间并分享给你的朋友们。有人互动的话，你回访这本书的概率自然会加大。

3. 坚持阅读纸质书籍

关于这一点，我已经多次提到过，但还是想再次提醒你。虽然电子阅读器确实有很多好处，包括内容丰富、方便储存等，但电子书的缺点我们也已了解。根据研究，与纸质书籍相比，读者会更多地忘记在电子书中阅读过的内容。所以，如果要想多记住一些看过的内容，请保持阅读纸质书籍的习惯。

4. 有一个阅读伙伴

与他人同时阅读一本新小说，意味着你将可以与这个阅读伙伴讨论你们最近正在读的这本书。这样可以使你们都能通过聊这本书而将书中内容记得更深刻。

5. 摘抄书中名句

我们常常会羡慕有些人言语间总能"金句"迭出，其实我们自己也能做到！方法也很简单，就是每次看书时，记得将一些你特别喜欢的"金句"摘抄在一个小本子上，没事就拿出来翻翻，并尝试着将其用于你与朋友们的对话中，慢慢你就会发现自己也能"口吐莲花"了。当然，更直接的好处就是，摘抄可以促进、加深你对书的理解与记忆。

6. 成为"老师"

多数人都有成为老师的愿望。其实你不必成为正式的老师也同样可以与周围的人分享你的知识。你完全可以与你的伙伴们一起举办一些小型的讲座，确定了要讲的内容后，为了当好一位老师，你们就要去查阅各类书籍来寻找最有用的知识点，还得讲得能让每个人都清楚、明白。相信我，这个办法能令你一辈子都能记得那些书籍的内容。

回顾：

尝试回忆上个月看过的一本书的内容。

—— 如何略读 ——

略读，简而言之，就是大致了解即可。就好像你住在一个社区，只需要知道这个社区在哪里，它内部有哪些景致，当然，最重要的就是你的房子在什么位置！你不需要知道社区里每一户人家都是谁，对不对？略读就是如此。只需要对一篇文章有个大致的理解，找到主旨就可以，而不用每个字都仔细读一遍。

但是，我必须要提醒你一点，略读可不仅仅只是快速浏览页面那么简单！略读是一种战略性的、选择性的阅读方法。你需要重点关注的是书籍中的主要思想。更进一步说，略读是一种让你学会如何了解大局，而不是所有的小细节的阅读模式！

1. 略读的时机

通常，当你在查找资料或从教科书中提取重要概念以准备考试的时候，略读绝对是一种最有用的阅读方式。

还有非小说类的书籍，比如报纸、新闻等，也可以动用略读攻略。

只需要大致浏览一下,知道这个世界当下的时事即可。当然,如果你时间充足,那就另当别论。

另外,当你准备认认真真读一本书时,我仍然建议你先略读。因为这种阅读方式可以作为一本书的预览形式,能帮助你更好地理解将要阅读的内容。有研究发现,在开始阅读之前,略读文本确实可以帮助提高理解力。因为通过略读可以提前弄明白文本的整体要点。

除此,略读还可以避免你进入阅读困境。很多时候,如果你直接拿起书就一字不落地一页页读下去的话,读到一半,忽然发现这本书的前半部分内容并不适合自己,但又不知道后面还没看的部分是不是藏有自己希望获得的知识。这时就会左右为难,陷入困境。所以,如果你能知道何时以及如何略读,那么你的阅读会变得更有效率。

2. 略读的方法

是快得像扫描仪一样将文章从头至尾扫描一遍,还是隔几行跳几行再阅读?这些都不是略读!因为略读的重点是快速掌握文章的中心和重点。所以,略读的技巧应该是——

(1)设定阅读目的。

每当我们准备读些什么时,都有被言明的阅读目的。比如读一篇新闻,也许只是想了解一下正在发生什么;拿起一本诗集,可能是希望感觉诗句的优美以及隐含在字里行间的思想;翻开一本小说,大概想从每一个情节中感受故事的跌宕起伏……而这些都是我们阅读的目的,现在只是需要让它们变得更明确,以便于自己决定采取怎样的方式去阅读。

（2）从浏览开始。

拿到一本书后，先快速翻阅每一章节的标题，欣赏一下书中的图片，读一读书的介绍、前言以及结论，最后再浏览几眼书中的问题部分。通过这样的速读来尽快了解这本书的概貌以及应关注的重点。

（3）用标题来提问。

在一张纸上，将你刚看到的章节标题转换为问题，并在下面留出空白。比如将"早期浪漫主义诗人"更改为"谁是早期浪漫主义诗人？"将"石版画"更改为"石版画是什么？"等等。每个标题及子标题都要如此设置问题。

（4）关注开头和结尾。

阅读各段落的第一句和最后一句、主要章节的第一段和最后一段，以及各章的简介、摘要，以及段落中的粗体字（如果有的话），你会很快知道这本书的大意。

（5）画重点。

我最爱做的阅读笔记之一是圈出重要区域的关键字以及我最喜欢的句子，这样可以使我写出更好看的文章。怎么圈？很简单，需要圈出的词语是：

多次重复出现的词

主要思想

通常包括标题或章节标题中的词

专有名词

斜体、粗体或有下画线的文字

不认识的词

（6）回答问题。

有了问题后，接下来你就可以带着问题通读一下全部章节，阅读的重点就是寻找你列出问题的答案。之后，在你写下问题的下方用自己的语言将答案写下来。为什么要用自己的语言来回答问题呢？因为我们通常容易忘记别人的话，但对自己说过的总是记得很清楚！

（7）测验。

回答完所有的问题后，只看着你在阅读时留下的便利贴，看看自己是否能够只从这些只言片语中完整地回答出刚才提出的问题。

如果能，恭喜你，你的阅读卓有成效！

倘若不能，只好重新阅读一下你写下的答案，直到可以轻松回答每一个问题为止。

这种问题式阅读可以大大缩短你的阅读时间。

不过一定要记住，虽然略读可以帮助我们总览全书，并且也能从中了解到书籍的重要信息，但是无论如何，使用略读这一方法的初衷并不是为懒惰提供了出路，也绝非让你看书时可以三心二意、敷衍。略读切不可成为你的主要阅读方式，否则，就变成了自己骗自己式阅读法！所以，请谨慎而策略性地使用它，并确保自己能够真正理解全书的主要思想。

回顾：

用略读的方法快速了解一本书。

念书给父母听

也许这个主意会使你大吃一惊,你会说,"啊,为父母读书?为什么呢?他们自己认字,还会听我给他们读吗?"

通常我们都是习惯性地认为应该是父母给孩子读书。在你小的时候,父母也一定是这样做的。但现在你长大了,独立阅读已经很久了,有没有想过为父母读些什么呢?

嗯!就让我来告诉你为什么可以尝试着为父母读书吧——

你是不是经常感觉有很多事情父母都不太理解你?你也常常为此和他们生气。可是,你有没有想过用什么方法才能让他们更了解你呢?

其实,这都是因为当我们走出家门去到学校和社会后,我们便慢慢形成了自己独有的喜好,而父母也有自己的生活要去关注,他们并不能时时刻刻与我们的思想同步。但是,如果我们能够主动与他们开展一些互动式交流,将有助于他们在忙碌之余还能注意到我们的各种变化。而为他们阅读就是一个非常好的由你发起的交流方式。它的好处可是非常多呢,比如:

好处1:展示自己更新后的喜好

在成长的过程中,你一定增加了许多新的喜好,但是你的这些自我更新如果能多向父母传达一些,不仅可以让他们更了解你,而且还能因此有意无意地对你的那些新喜好有所帮助。比如你喜欢各种机动车或花花草草,那他们再为你购书时,购买方向会更明确,再不会买回一堆你永远都不想看的书。

好处2：增加亲子间的话题

一旦他们能够与你同看一本书时，那你们平时会自然而然地聊到这本书的内容，这样你们就能像同学一样说到一起了。

好处3：加深对所读书籍的理解与记忆

通过有意识地为别人朗读，可以让自己更重视书上的内容。因为你需要时刻提醒自己不仅要读得通顺，还要读得好听。不然语言单一，缺少变化，别人听着听着就会睡着了。而这样一来，你就会更加在意每一个字、词的发音，这样你自然会记得更深刻。

好处4：锻炼自己的朗读能力

经常朗读可以使我们的口齿更清晰，表达能力也会更好。

好处5：培养共同爱好

能够长期与父母一同阅读的话，你们彼此可以逐渐培养很多共同喜欢的事。比如你的父母可能从来没有真的特别喜欢过科幻小说或神话故事，但是如果你很喜欢的话，那么，由于你经常给他们读这样的书籍，就能够让他们不知不觉地拓展了他们可能永远都不会独自去探索的领域。

培养父母成为"阅读达人"

我们知道，父母都很忙碌，每天需要上班、做饭、照顾我们。他们之中有很多人可能根本就没有时间去阅读。既然如此，那就只能由我们来完成培养父母成为"阅读达人"的任务了。

如何为父母读书？

为父母朗读时，你很可能会遇到两种截然相反的情况，接受 OR 拒绝。这取决于你朗读的时机。如果他们正在忙着，比如忙着打电话，你还在一边旁若无人地大声朗读，就会立刻遭到驱逐。所以，一定要掌握好以下几点要诀！

要诀1：诚心邀请

任何父母都是愿意参与孩子的活动的，只是他们多数时候也有自己的事要做。所以，你可以诚心诚意地发出"朗读邀请"！比如，"爸爸（妈妈），在你做饭时，我想在一旁为你朗读一本我喜欢的书可以吗？这样你做饭时也不觉得枯燥了。"你瞧，这样诚恳的请求，相信多数父母都会接受。

要诀2：限制朗读时间

每次最好为父母专门设定一个时间段，这样既能让大家更珍惜这段朗读时光，也不耽误父母做其他事情。

要诀3：读一些父母感兴趣的书

还记得小时候父母为我们读的那些儿童故事书吗？那些只适合小娃娃看的书，其实父母都不太有兴趣。但是因为他们知道那是适合你看的书，所以依然会毫不迟疑地为你读了一遍又一遍。那么现在你已经有能力为父母读书了，不妨也为他们读一些他们喜欢的书。这样不仅能够让父母更期待你的朗读，而且也能够多了解父母，还能拓宽你们彼此的视野，对不对？

要诀4：向同学借书读

你在为父母阅读的过程中，很可能会遇到你想为他们读某本书而自己没有，父母又不肯给你买的情况。别急，去问问你的同学们谁有，先借回来！当你为父母读了一部分并且已经引起他们的兴趣后，你再适时地告诉他们，同学马上要收回这本书了。结局会怎样呢？你猜猜！

回顾：

为父母朗读一本书。

阅读进度布告栏

很多时候，将自己准备做的事情公布出来，可以很好地让别人监督自己的完成进度。读书也是如此。在别人的不断询问中，你怎么好意思告诉人家你还没有开始看呢？因此，以防被问及，你就必须要读下去。所以这也间接提高了你的阅读效率。而且，这样做的另一个好处是，还可以带动别人加入你的阅读活动中。相互竞争性的阅读会使你更有读下去的积极性。

所以在家或你的班级里设置一个阅读进度布告栏。布告栏的样子可以是这样的——

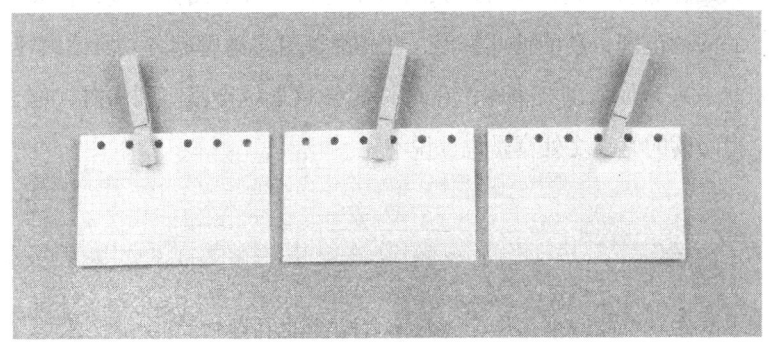

这样的——

或是这样的——

总之,随你去发挥想象力!然后邀请父母、同学一起参加,将每个人正在阅读或感兴趣的书目、内容、准备读完的日期等信息随时张贴在布告栏内。这样不仅可以知道每个人的阅读兴趣,扩大自己的阅读范围,还能彼此督促,互相能够更多地聊起各自所读内容。如此一来,你们围绕书籍产生的话题会越来越丰富。到那时,你会觉得阅读的有趣之处真是说也说不完。

回顾:

制作一个阅读公告栏,并将本月阅读的书目放上去。

读书与行动

你知道阅读的终极目的是什么吗？

也许你会说是为了获得知识！对，没错！但这并不是阅读的全部目的。阅读的关键在于可以使其成为我们成长的支持——运用书中的知识改变自身！

如果每读完一本书，我们就能将这本书给予我们的灵感变为现实，也就是说，读完就立刻有行动、有改变，这样的话，我们的阅读才是最高效、最有价值的活动。这有些像我们的妈妈看完一个菜谱后，立刻就能参考着给我们做美食一样。

而如果我刚读完一本《哈利·波特》，我就能根据书中所给出的提示，马上也写了一个魔幻故事，那就说明这本书的故事不仅令我愉悦，而且还让我从中学会了如何放飞想象力。

所以，阅读之后我们一定要督促自己尽量根据阅读的内容找一件可以去实现的事情，并立刻采取行动！

因此，我建议你每读一本书之前都记得制作一张写着"我要＿＿！"的卡片贴在书后，作为阅读的结束与行动的开始。

制作卡片时可以花点时间设计一下，尽量使这个重要的号召能在口头和视觉上脱颖而出，因为它的号召性能激发你的创造力！这可是关键时刻哦！

如果你能逐渐养成"读后即行动"的习惯，那你将成为最厉害的"读书行动者"！之后你每阅读一本书，在阅读的过程中，头脑中就已经无意识地开始在书中寻找可以付诸行动的内容了。这会使你读得更认真，更容易记住那些内容。

一旦养成这样的思维习惯，即便刚看完一章数学，你都会想办法将那个方程式应用在生活中。

"哦，三角形具有稳定性，有着稳固、坚定、耐压的特点。那怪不得我看到的衣架以及有些屋顶都是三角形的呢！下次我再搭积木时，也一定要使用三角形。"

回顾：

从最近看的一本书中找到可以实践的部分，去实践！

挑战自己的阅读能力

如果你总读同一类型或领域的书，便会失去很多乐趣。就如同你总喜欢玩电脑游戏的话，就永远不会知道去球场踢一个小时的球会是怎样的令人兴奋且精神百倍的像个小太阳！

所以，有机会阅读到各个领域书的人能够特别容易成为"儿童领袖"，因为他从各类书中获得的想法比其他人要多得多！

既然如此，还等什么？挑战一下自己的阅读能力吧，从尝试中去寻找自己从没有听说过的世界！而且，要想使阅读更加多样化，其实也有很多有趣的方法——

★ 选择你一直想去的10个国家，读10本与这些国家有关的书。

★ 你还可以列出自己去过的10个地方。国家、城市、公园、社区……无论你去过哪里,现在读一本关于这个地方的书。

★ 你是否有一直想尝试但还没有尝试过的流派?也许你最好的朋友一直都在告诉你幻想类读物有多神奇,但你总觉得自己不会喜欢。那现在,给自己一个尝试的机会,选择一种总是让你感到恐惧、困惑、无聊的流派,挑战一下自己,看看它们到底能不能让你"误入歧途"。

★ 阅读从你出生到现在的不同年代出版的书,看看在你的成长过程中有哪些事情发生。

★ 阅读关于各民族的一本书。

★ 选择10本你一直想读的经典。

★ 选择获得了文学奖,或那些曾入围获奖名单,或当年最畅销的书籍。

★ 按照英语字母,寻找以每个字母开头的书名。

★ 选择一个你一直钦佩或着迷的历史人物。除了阅读他们的回忆录外,你还可以根据他们的生活查找传记和小说,或者任何与他们有关的文章。

★ 你还可以每读一本男性写的书后,再紧跟着读一本女性写的书。这会让你逐渐注意到不同性别的人讲故事的方法与风格是否一样。

★ 每个月或每个季节,都要阅读一本与季节有关的书。

★ 你还记得小时候想要成为什么样的人吗?现在阅读有关该职业的书。或者,列出你梦想的前五种职业,并阅读一本介绍每种职业的书。

★找几本你希望自己上大学后想学的课本，看一看大学生们都在学什么。这样的书籍其实很容易找到，在二手书网站上就能买到一些很便宜的二手书。

★每月阅读一本外国作家写的书。

★请朋友或家人每人写出自己喜欢的书，这也你的书目清单的来源之一。

★随机选择一个词语，然后找一本标题中有该词汇的书。

★有时电视上的名人会谈论他们正在阅读什么书。看看你是否能找到你喜欢的名人正在阅读的书。

★挑选5种你通常不会去读的书（例如烹饪书、木工指南等）。

★每隔几天向身旁的10个朋友、同学、陌生人咨询他们正在读什么书。阅读那些书！

为了增加阅读趣味性，你可以把上面这些建议做成"跳方格读读看游戏"，制作方法如下图。

注意，这张读读看的方格表尽量做得大一些，再用方积木做一个色子，之后根据扔出的色子上的点数，来决定自己以及你的朋友们应该读哪一个方格内的阅读内容——

读一本关于一种昆虫的书	读朋友推荐的书	读一本传记	读一本奇幻小说	读一本绘画的书
读一本老师推荐的书	读一本笑话书	自由选择读任何类型的书	读小说中的一个章节	读一个童话故事
读一本关于科学的书	给朋友或家人读一本图画书	读一个荒诞的故事	读一本历史小说	读一本传记

读一本非小说类书籍	读一本恐怖的书	读父母推荐的书	读一个寓言	读一本通常不会读的书
读一本一直想读的名著	读一本获得文学奖的书	读一本被拍成电影的书	读一本关于冬天的书	读一本古老的书

回顾：

参照上文制作一份阅读备选卡片，和朋友们各抽一张一起阅读。

—— 制作"问题"索引卡 ——

对于纸质书籍，我建议你使用"问题"索引卡，它还可以用作书签。这样无论何时你再拿起那本书，都会第一眼看到这些"问题"，并开始回忆当时阅读到的内容。所以，这些索引卡是你日后回顾整本书的线索。这个方法同样适用于你正在阅读的一堂课的教科书。

索引卡的制作方法：

（1）拿出一张纸，将其对折，然后再对折，使其为原始尺寸的四分之一。

（2）对于你当前正在阅读的章节，请在索引卡上写下一个问题，记得标上页码，以备忘记时查阅。

（3）读完你正在看的那一章，然后回答自己留下的问题。这一过程将迫使你回顾该章节的内容。

下面是我经常用到的一些自问式阅读问题，推荐给你：

★ 谁是作品中的主角？

★ 说一说他们都是怎样的性格。

★ 想一想书中的主人公是如何解决那个棘手的问题的。

★ 你会用同样的方法解决吗?

★ 列一些描述主人公在结尾处与感觉有关的词。

★ 你愿意再读一本这个作者的作品吗? 为什么?

★ 这个故事可以拍成一部好看的电影吗? 为什么?

★ 你最喜欢书中哪个角色? 说一说他/她的性格是怎样的。

★ 哪几个人物是书中的重要角色?

★ 说一说这个故事的发生背景是什么。

★ 你最喜欢书中的哪部分? 书中最令人惊讶的事情是什么?

★ 书中的哪个角色与你最像?

★ 书中的哪个角色与你认识的人最像? 为什么?

★ 想象你正在向朋友介绍这本书,怎么讲比较好?

★ 用一两句话来讲述这个故事。

★ 给这个故事另外想一个标题。说说为什么你认为这是一个好标题。

★ 下面哪个词最能描述这本书? 解释一下。

严肃　冒险

有趣　思想

悲伤　悬疑

★ 为故事另想一个不同的结尾。

★ 为这本书另外设计一个你喜欢的封面。

★ 主要人物长什么样?

回顾：

为你正在阅读的一本书制作问题卡。

—— 有趣的阅读活动 ——

围绕着阅读，你和伙伴间开展一些类似知识竞赛的活动，不仅可以测试自己的阅读成果，而且还可以提升你们的阅读兴趣。尤其是获得了冠军的那个人，一定会成为其他人的偶像！

阅读活动1——猜谜比赛

从大家都看过的一本书中摘抄一些句子、主人公的名字，或者是某场景中哪个主人公正在做什么……，制作成阅读猜谜卡片。每人抽一张，回答它们出自哪本书，是哪位作家写的等。谁得分最高，谁就是当之无愧的阅读冠军！

比如你们看过《哈利·波特》后，就可以出类似的猜题——

你对《哈利·波特》中的伏地魔了解有多深？

伏地魔毕业后的第一份工作是什么？

伏地魔一共有几个魂器？他的第一个魂器是在什么时候做的？

伏地魔的家族秘密是什么？

伏地魔死时几岁？

伏地魔为什么那么惧怕邓布利多？

……

阅读活动2——辩论赛

选定一本大家都看过的书，然后将大家分成人数相等的正方和反方，拟定一个辩论主题。例如：

  正方辩题：电影版《哈利·波特》更好看

  反方辩题：小说版《哈利·波特》更好看

  正方辩题：《哈利·波特》写得更精彩

  反方辩题：《西游记》才是经典

  ……

  当然，你们还需要几名观众，因为辩论赛结束后，如果能让观众各自发表一下自己的意见，那会使你们听到更多不同的意见，也能更好地激发在场的所有人都想再去读一遍这本书的热情，而这，才是你们的终极目的！

  阅读活动3——谁是最佳编剧？

  选择一本结局普遍不受欢迎的书，然后各自为其重新改编一个结局。之后将这些结局收集起来，请班里的10名同学充当裁判，为这些结局投票，谁的票多即获得"最佳结局改编奖"！至于奖品嘛，你们自己商量一下吧。

  阅读活动4——重新设计封面

  很多书的封面的风格也许并不是你所喜欢的，那不如你来为它们重新设计一个封面？因为你已经将那本书全部读完，对于书中的内容有了更充分的理解。所以，你设计出来的封面一定会带有强烈的个人读后感观。之后，你可以将这个新封面拿给伙伴们，让他们猜一猜这是哪本书的封面，听听他们对于这个新封面的意见。如此一来，你们可能会借由封面这个话题引发出关于那本书的更有趣、更广泛的讨论与思考。

阅读活动5——成为作者代言人

如果能与一本书的作者见面聊聊这本书,自然是再好不过了。只是,现实生活中我们很少有机会能亲自见到每一本书的作者。不过没关系,我们自己可以变身为作者的代言人嘛!

阅读活动6——听自己讲故事

大声朗读时用手机录下来,然后闭上眼睛听听自己的朗读,这样就可以在脑海中想象故事。而且,大声朗读重要段落的一个关键点在于,声音比视觉更能体现我们对信息的敏感度。这个办法对于许多有阅读障碍的学习者尤其好。因为他们在阅读过程中需要努力辨识眼中看出来的也许是倒置的文字,这就使得他们没有时间去想象文字所表达出来的意境。所以,如果能听着自己朗读后的内容情节,则可以帮助这些学习者提高注意力、阅读理解能力和记忆力。

还有一种方法是让阅读学习者跟着音频一起阅读,这样他们就有时间观察整篇文章的字词。

回顾:

你和伙伴们开展过哪些有趣的阅读活动?

测试

很多时候,我们会以"没时间"为由来搪塞自己没阅读的事实。可是,你知道吗?我们这个星球上一些最忙的人却恰恰是最热情的读者。比如据说比尔·盖茨每年可以读完60本书。他说阅读可以激发他的创造力,帮助他加深对复杂问题的理解并提高智力。事业如此有成的人士都还在努力阅读,又何况我们呢?

可是,我们平时一天中多半时间确实都需要用在课业上。除了学校规定的书本外,放了学还要做作业,剩下的时间还想再玩一会儿。这样算下来,能用来专门阅读课外读物的时间就没有多少了。

那么如何利用零碎的时间尽量多地阅读呢?关于这一点,前文其实均已提到,不知你是否注意过,那么,现在就来做一个阅读回忆的游戏吧。

请你从前文以及后文中找出涉及利用零碎时间来阅读的一些方法,并将其写在下面。检验一下自己的记忆力、归纳以及从资料中提取有用信息的能力吧。

_____
_____
_____
_____
_____
_____
_____
_____

第六章

如何成为阅读"超人"

我们发现，80%的孩子阅读现代文的速度非常慢，每分钟差不多只有60个字。究其原因，就是长期的慢速阅读习惯造成人的眼球柔性降低，辨识文字的敏感度不强，快速反应能力差。

但是，另有一些人的视觉接收信息速度特别快，我尊称他们为"速眼侠"。同样盯着一个物体看，"速眼侠"可能只需要一两秒就能将物体的各个细节全部记住，而我们普通人则需要反复盯视好几遍才能完整地记下来。所以，"速眼侠"们的阅读速度是超快的。一本10万字的书，普通人需要几天才能读完，而"速眼侠"们则只用几小时就看完了，多神奇！不过没关系，经过训练，你也有机会拥有这种"神速"。

不过，首先要做的是——改变眼球的节奏，使其反应敏捷，眼部神经和肌肉弹性增强，柔和性增大，这不仅可提高视觉捕捉能力，也能让大脑变得更灵活。

—— 训练1：接球 ——

为了改善中心视力，我建议你多开展一些网球或羽毛球运动，因为接球的过程能非常好地帮我们提高视力的捕捉能力。玩法很多，比如：

练习打壁球；练习左右手接球；练习多球抛接；与伙伴一起玩快节奏的接球。

这些活动会使大脑的反应速度以及眼睛的捕捉能力越来越好。尤其在抛接多个球时，当球被抛到最高点后，大脑也随即开始测算高度并决定手需要移动的位置。这样的运动能够使手眼协调能力得到非常好的训练。

当接球越来越熟练后，还可以为自己再增加一些干扰因素，比如站在平衡板上或做些加减法的数学问题等。

—— 训练 2：盯视 ——

手眼协调能力的另一个重要部分是在远近之间快速切换焦点的能力。每天只需用一些简单的物体就可以做这样的盯视训练。比如：

1. 远近盯视训练

用两个大小相似的物体（纸牌、书籍封面），将其中一个放置在距离自己约45厘米的地方，另一个放置在距离自己约25厘米的地方。将视觉焦点对准近处的物体5秒钟，尽可能多地观察细节，然后切换到远处的物体。来回切换一两分钟，每次尝试注意新的细节。

2. 等距离盯视训练

将两个相似的物体分别放在同等距离的左右两侧，然后快速将视觉焦点从一侧移到另一侧。

3. 养成日常盯视习惯

当你正在进行某项运动或锻炼时,眼睛与肢体的协调性基本不易被察觉到,但是如果有意识地关注眼睛的盯视行为,其捕捉物体的速度与精准度都会有所提高,这一点可以从一项关于篮球运动员的研究中看到。该研究让篮球运动员通过练习"安静的眼睛"技术将其罚球命中率提高了22%。其实方法很简单,就是在投篮前将注意力集中在篮筐的前缘上至少一秒钟。这样的技术同样可以应用于阅读中。

4. 文字盯视训练

先从书本中挑选出一句话,然后静静地看一会儿。尽管心里仍会有默读声,但是努力克服掉这个"读"的习惯,仅仅是看着那些字词,大脑就会逐渐形成不经过"心读"而直接输出字意的新习惯。

开始时可能会觉得很难做到,这很正常。不过只要保持专注,只关心所看到的词语而不希望听到它们的发音。经过一些练习,也许几百个词语之后,会形成"看文"的习惯。

—— 训练3:目光平移 ——

一项很好的阅读练习是练习从左到右移动眼睛,同时从左到右移动头部。

1. 头动眼不动

眼睛保持静止并直视前方,头部从左向右移动,重复练习。

2. 眼动头不动

头部保持静止不动,眼睛从左看向右,重复练习。

每天有时间就坚持练习一会儿,你会发现自己再盯视书面时,视线在行与行之间或页面与页面之间转换时的运动变得特别得轻松流畅,阅读速度已然开始提高了。

——训练4:"8"字眼球移动法——

使视线按照"8"字形进行运转(如下图)。

切记:

始终把视点放在整个圆的中心,不可游移;

头部和身体尽量不要摆动。

第一步

①按图箭头所指的方向进行纵向"8"字走向练习。开始的时候慢些,越来越快,做到每分钟至少沿"8"字形线条运行60圈。

②运行时,头部和身体不要摆动,视点放在中心部位。

③练习2分钟,休息2分钟,反复进行。

第二步

按图中箭头所示做横向"8"字走向练习。要求如前,也练习2分钟,休息2分钟,反复进行。

第三步

将纵向与横向的"8"字训练结合起来进行练习。

练习2分钟,休息2分钟,反复做3次。

把视点放在中心,按图外缘箭头所示方向运转眼球。先顺时针转10圈,再逆时针快速转10圈,尽量扩大眼球运转幅度。

第四步

反复练习,练习,再练习!

—— 训练5:舒尔特方格练习 ——

一件事情你做来做去都做不好,自然容易放弃,不再努力,阅读也一样。习惯了慢速阅读后,阅读的速度便会习惯性地一直慢下去!

另外,阅读的速度还与我们的基础认知力有关,包括注意力、图形加工能力和信息理解能力。下面主要从提高注意力方面给大家介绍个方法。

1. 制作卡片

请按照下面提供的1—20的数字顺序卡制作你自己的其他视觉找数字卡片。

1	15	14	19	6
12	2		13	5
11	17	4	10	20
9	16	8	3	7

2. 玩法

请按照1—20的顺序快速读取卡片中的数字,将缺漏的数字补写到方格里,记录第一次训练的耗时(开始训练时可以借助手指或铅笔,慢慢练习只凭眼睛查找)。

注意事项：

①舒尔特方格,锻炼注意广度的方法。简单来说,就是一次能看到多少信息。

②请坐端正,头不能移动,从数1开始计时,数到最后一个数,记录完成的时间。

③初中以上的学生能在15秒内完成为优秀,小学高年级是25秒,小学低年级是30秒。4×4的表格,学龄前是25秒内为优秀,小学低年级是16秒。

④评估进步的方法不是每次多练几遍,时间快了就算进步,而是将每次第一遍做的时间对比。比如9月你每次第一遍做的时间平均为25秒,12月每次第一遍做的时间平均为20秒,那就是进步。

⑤做了很多练习之后，就开始一步步接近阅读。汉字版的舒尔特方格，做的方式也是一样的，脑袋一定不能动哟！

⑥还可以利用你们的语录制作属于自己的汉字舒尔特方格，会更有趣味性。

—— 训练6：扫读 ——

多数情况下，我们阅读一本书的时候并不会考虑太多，只是一页页安静读完它。不过，有时候，我们会因为有限的阅读时间而不得不尽快弄明白一本书的内容，这种事经常发生在借回来的书马上要归还的时候，或者是没几天就要考试了，还有很多书没有读！这种时刻，只能动用我们的突击阅读法——扫读！

扫读，顾名思义就是视线快速扫过书上的文字。它更多被用于从书本中查找一些特定的信息。所以，为了能够尽快找到想要的信息，就必须学会从字里行间忽略掉多数无关信息，且有能力精准、快速地找到所需要的信息。例如：

从字典中查找某个词的词义；

在统计表格中搜索某个数据；

从新闻中找出当天的天气信息；

从一本书中找到某个情节、某个句子、某些单词、特别的标点符号、字母顺序或数字；

......

因此，扫读并非漫无目的地浏览！大脑需要随着眼睛的移动而快速运作起来，同时还要快速分辨出哪些是重点内容。

那么，如何进行扫读呢？步骤如下：

①确定你要找的信息是什么。

②视觉快速在书本页面上移动。

③"对你有帮助、让你印象深刻的以及与自己思维不同"的地方，都属于对你有用的内容，可以先用彩笔标识出来。不过，对于初学阅读的你而言，极有可能会觉得整本书的内容都很有用，那样的话就没必要画满一整本书了，因为标识太多也就意味着没有重点了。

④精确而快速地找到所需要的信息，也就是"重点"内容。

⑤当你读到不理解的地方时，别理它！做个标记，继续往后"扫"。很多时候扫到后面时你会突然间豁然开朗。

看到这里你可能已经明白，上面的一系列关于眼睛的训练是多么有必要了吧。因为扫读技能运用的娴熟与否，其主要的支撑就在于眼睛的灵活性，以及在页面上的移动速度。

如果你的扫读技能炉火纯青，你将是名副其实的"速眼侠"！那么当你遇到下面的类似问题时，会做得比谁都快——

阅读理解中的填空补充题；

为某些句子做标识；

找不同；

多项选择题；

阅读完一篇文章后能够快速而简短地给出文中问题的答案；

……

扫读以及我们前面所提到的略读技能对于刚开始学习阅读的孩子尤其有帮助。因为很多孩子在阅读时虽然看似正在一个字一个字地认真读着，可只是单纯地"读字"，头脑里根本不清楚要从书本中"看什么",大脑一片空白。但是,如果他们学会了"略读"和"扫描"的技能并养成习惯后,就懂得了如何带着思想去阅读、如何与书本产生互动,进而体会到阅读的真正乐趣!

测试

请你从下面这个故事中找到"抱怨""拖延""懒惰""乐观"这四个词,并且找出农民生气的原因和冬天的信使。

冬季

有一个农民正在不停地抱怨冬天的天气。因为他觉得,他的夏季工作还没完成呢,怎么就已经下了雪?雪一下子将他所做过的一切都覆盖上了。

不仅如此,当他走到外面看到白雪时,非常生气,说:"酷寒的冬天,你是所有季节里最丑的!你突然出现,让我的工作没完成。如果你晚一点来,我就可以完成我的工作了,这样不是更好吗?既然如此,你至少得让我知道你什么时候来吧!"

事实上,农夫的抱怨并不完全正确,因为他工作时总是拖延,说:"不管怎样,天气还是暖和的。"

一天,农夫又像往常一样诅咒冬天时,突然被一个声音吓了一跳。那声音说:"够了!我就是你每天抱怨的那个冬天!"

农夫看了看四周,但他找不到声音是从哪里来的。起初,他以为有人在跟他开玩笑,但他听到的声音太强大了,不可能是人类的声音。他又竖起耳朵。

那个声音说:"看着我,我的朋友!够了!我听腻了你的抱怨。

由于你的懒惰，你不能在截止日期前完成你的工作，然后你又指责我。你不是个乐观的人。除了打扰我之外，你还让自己和周围的人都不开心。每年秋天，我都会派一个信使告诉你我什么时候到，但你根本没有注意过这些消息。明年秋天，我将再次派出使者，宣布我到达的时间。请你试着去听他们说话。那么现在，请别再抱怨了，好吗？"

第七章

读本好书，人生观都能改变

如何阅读一本文学名著

2012年诺贝尔文学奖获得者莫言说:"读过20本名著,犹如拥有一笔财富。"此言绝对属实!为什么?嗯,只要你读完20本名著就知道了。

但是,也许你会觉得"我年龄还小,现在就读世界名著是不是为时太早?"如果你有这种想法,那就赶紧消灭它!

文学名著包括较古老的作品,那些都是经历了时间的冲刷而保留下来的好作品,它们中的大部分成员都是老少皆宜。比如《红楼梦》,你也许看不懂贾宝玉与他的姐姐妹妹们的种种言行思想,但是,里面有如何过年、下雪下雨后贾宝玉和姐妹们最喜欢做些什么、刘姥姥对贾府菜单子的种种看法……也都很有趣,丝毫不影响你从中找到自己的兴趣点。这样在你成年后,再回头重读那些名著时,还会带出你童年时读这些书的美好回忆。那种感觉,不骗你,真的特别好!

但是,现在当你拿起一本文学名著时,有些阅读秘诀你可以尝试着用一用，它们能够帮助你更容易地理解那本厚厚的书！比如：

1. 先去你的"经验储备库"找答案

在预览名著之前，请确定你对所要阅读名著的了解程度。这其实也是对你自己的知识和经验储备库的一个检查，因为储备量直接决定着你对这本名著的理解力。比如《西游记》一书，你在阅读之前如果先想一想自己以前都看过哪些游记类的书，内容是怎样的，以及你对佛教又知道多少。这样的过程其实只需要默默在心里稍加回忆即能很快得出答案，不会耗费多少精力和时间。但它的好处就在于能让你养成一种阅读前先"反刍"的思考习惯，这样做会帮助你将新、旧知识融合在一起。

2. 阅读一些内容摘要

你可以先从网络上（或那本名著的封底）找一些关于那部文学作品的描述或摘要。相信我，因为是名著，所以很多人都想写写自己对于这本书的独到见解。这样你不仅能够很快了解故事内容，而且还能知道别人是怎么看待它的，然后就会带着一种好奇心去验证他们说得到底对不对，于是，你便有了想要阅读完它的动力。

不过请记住，无论是评论还是摘要，那都是别人对名著内容的理解，有时候也可能会包含着偏见。所以，你要有自己的判断！

3. 了解书的"历史"

每一本书都是有"历史"的。其中包括：

作者的成长历史；

作者的写作时间；

书中故事发生的时期；

……

了解一本书各方面的历史能够帮助你更好地了解该书。通过研究书中描述的历史事件或其他方式影响书的写作的因素，你可以对书中所描述的事件、人物产生更好的认同感。通过网络搜索，你可以快速了解书中给定的时间段以及作者的生活经历。

4. 以读完为目标

尽管浏览式阅读更适合新闻类作品，但这种方式很多时候也是可以应用在小说阅读中的。如果遇到行文非常啰唆、沉闷的段落，为什么不能跳过去呢？略读能使你对那本书始终都能兴趣不减地读下去……

比如在读雨果先生的那部《巴黎圣母院》时，我就曾经因为小说开头部分的描写过于拖沓冗长而一度想放弃读完它。但是，当我"明智"地略过这些段落，直至翻找到让我喜欢的章节后，我最终还是成功地读完了它。而且，没觉得那些被我有意忽略的文字有多重要。没读它们，我也依然知道了《巴黎圣母院》中的所有情节……

另外，还有一种说法是千万不要过早地翻阅小说的最后一章，因为那样会影响你持续读完一部小说的积极性。嗯，这话是有道理的，不过因人而异。对于我来说，这样的事根本不会发生！我经常耐不过好奇心而提前阅读了小说的结局。之后，我会带着一种满足的心理，一行行、一页页地认真读完它。因为我已经大致知道了结果，所以便会更关注每一个情节的发生与发展是如何一步一步导致了那样的结果，这也是一种乐趣。

当然，如果你有强大的自制力能克制自己的好奇心，一直坚持不提前翻看结果的话，那么你所享受到的阅读乐趣会更强烈。所以，尽管我做不到，但还是希望你能够比我强！

5. 问问题

从现在开始,你在每阅读一本书之初,都将以下几个问题写在一张卡片上,然后像书签一样夹在书里面,那么我几乎可以肯定,当你读完那本书时,一定会比以往的阅读收获要多得多!这几个魔法问题是:

* 人物——小说作品中人物的职业、个性及相互间的关系。
* 背景——小说发生的地点、时间和背景。
* 情节——小说中发生的事情。
* 主题——贯穿整部小说的主线,各人物的观念或信念。
* 冲突——小说中产生的矛盾冲突。
* 高潮——紧张局势(由冲突造成)不再升级且为事件的转折点。
* 讲述人——谁在讲故事(故事中的角色还是其他人?)。

这几个问题可以灵活应用,比如你准备阅读《西游记》之前,可以将你在阅读时想要了解的一些问题都列出来。如《西游记》是一本关于游记的书吗?它会和别的游记有什么不同?书中的主人公都是谁,彼此有什么关系?他们都是什么职业?这些职业有什么特点?唐僧为什么一定要西游……在你列出这些问题之后,你可以先从自己的知识储备库里找找答案。如果一点儿储备都没有的话,那就要看得更仔细一些。

6. 告诉某人你已阅读的内容

你知道阅读一本文学作品的最高境界是什么吗?

能够说出那本书为什么好!

文学是需要品评的。如果你花了很长时间读了一个很棒的故事,却没有人知道与分享,那你一定会觉得这本书看得很寂寞。所以,和朋友讲讲关于你已读到的书，可以帮助你更好地理解书的内容。如果你有一个对文学也同样感兴趣的朋友，那么你可以向他或她介绍这本书。即使你还没有读完，也可以用自己的语言描述到目前为止书中正在发生的事情。能将书的内容用自己的语言总结性地讲述给别人，也是一种表达能力的体现哦！

7. 观看改编的电影

对许多读者而言，观看由小说改编成的电影，其体验感远远比不上阅读最原汁原味的小说。但电影版的小说可以增加你对于原著的兴趣度，也会使你更容易理解原著。

例如，如果你正在阅读莎士比亚的戏剧，请看一看该戏剧的电影版本。尽管多数戏剧原文与电影并不一致，因为其中必然会有被删减的章节，但你仍然可以看到大部分文字是如何通过电影呈现的，这样的表达形式的转换方式也非常值得学习。

** 阅读有成果 **

经典名著挑战赛！

众所周知，莎士比亚是欧洲文艺复兴时期最重要的作家、杰出的戏剧家和诗人，全世界最卓越的文学家之一；他被喻为欧洲文学史上"人类文学奥林匹克山上的宙斯"。他的戏剧语言虽然寓意深刻，却也是非常的拗口。在英国，话剧演员尤其以能出演莎翁的剧目为荣。但是，他那长而绕口的戏剧语言也不是谁都能熟练地读下来的。下面摘录一段他的《威尼斯商人》，你能尝试着朗读甚至背诵下来吗？

安东尼奥：

真的，我不知道我为什么这样闷闷不乐。你们说你们见我这样子，心里觉得很厌烦，其实我自己也觉得很厌烦呢；可是我怎样会让忧愁沾上身，这种忧愁究竟是怎么一种东西，它是从什么地方产生的，我却全不知道；忧愁已经使我变成了一个傻瓜，我简直有点自己不了解自己了。

萨拉里诺：

你的心是跟着你那些扯着满帆的大船在海洋上簸荡着呢；它们就像水上的达官富绅，炫示着它们的豪华，那些小商船向它们点头敬礼，它们却睬也不睬，凌风直驶。

萨莱尼奥：

相信我，老兄，要是我也有这么一笔买卖在外洋，我一定要用大部分的心思牵挂它；我一定常常拔草观测风吹的方向，在地图上查看港口码头的名字；凡是足以使我担心那些货物的命运的一切事情，不用说都会引起我的忧愁。

萨拉里诺：

吹凉我的粥的一口气，也会吹痛我的心，只要我想到海面上的一阵暴风将会造成怎样一场灾祸。我一看见沙漏的时计，就会想起海边的沙滩，仿佛看见我那艘满载货物的商船倒插在沙里，船底朝天，它的高高的桅樯吻着它的葬身之地。要是我到教堂里去，看见那用石块筑成的神圣的殿堂，我怎么会不立刻想起那些危险的礁石，它们只要略微碰一碰我那艘好船的船舷，就会把满船的香料倾泻在水里，让汹涌的波涛披戴着我的绸缎绫罗；方才还是价值连城的，一转瞬间尽归乌有？要是我想到了这种情形，我怎么会不担心这种情形也许会果然发生，从而发起愁来呢？不用对我说，我知道安东尼奥是因为担心他的货物而忧愁。

如何阅读名人传记故事

传记作家理查德·霍尔姆斯曾说过，他的作品是"一种追求……对那个转瞬即逝的人物的追求，让他们活在当下"。

确实，传记比小说读起来更有趣的原因在于——

传记是看起来很真实的故事，而小说则是虚构出来的故事。

一部小说必须写得真实可信才能让读者感兴趣。但传记故事即便离奇百倍，人们总觉得它是已然发生过的事，那么必定也是可信的。

Really？真是如此？这可能是一个很难回答的问题。通常，传记作家总会尽可能多地去研究他们所写人物的日记、个人信件、口述历史、自传等资料，因为最准确的传记都是基于这些历史证据的。

但是有些传记作家可能会因为研究得不够彻底和仔细，或者是没有遇到更全面的材料来源，而使得内容不够充分与真实。此外，有的传记可能还是虚构的，或部分是虚构的。因为有时作者会运用他们的想象力来描写一个人的思想、感受和情感（小说化的传记可能是一个好故事，引起你的一些思考，但它不一定是真实的）。

所以，阅读名人传记时我们需要学会检查传记作者到底使用了哪些证据，这样可以帮助我们确定一部传记的真实成分有多少。你可以从以下几条线索来"侦察"——

看看那本传记是否有参考书目或解释作者使用的资料来源的注释。

看一下这本传记是什么时候出版的，版权日期是什么时候。年长的传记也许写得很优秀，但版权日期更新的传记可能会包含更多基于最近研究而获得的新信息。而且关于新出版的传记，作者可能会因为材料更丰富而对所写人物更少存有刻板印象。当然，新书通常看起来也更有吸引力，因为它们可能放入更多有趣的插图。

不过，你一定要看那些看起来"具有历史意义"的图片，比如过去的老照片。因为有时候作者可能会因为找不到太多真实的图片而选择一些由艺术家创作出来的图片。那样的话，这些图片就不能用来显示事物的真实性了，实际上它们只是为了使书本身看上去很丰富。

不过，无论如何，传记确实有着小说所不可比拟的优势，尤其对于我们青少年而言，它讲述的每一位伟大的人物都值得我们好好研读，从他们的生活经历中我们可以获得多方面的益处。那么我们需要从哪些角度去阅读呢？

1. 回顾他人的生活，使其成为我们的成长导师

每一本传记都记述了一位英雄，从他们的一生中，我们看到了很多值得学习的东西。

音乐家和作曲家的生活常常会告诉我们伟大的创造力是怎样诞生的，为了成功又该如何努力；

伟大的运动员、发明家、探险家、政治家会讲述如何逆转失望和失败，怎样维护幸福和胜利。

总之，传记揭示了不同的英雄是如何痴迷在自己的职业和兴趣中，而我们则要学习的是英雄们如何克服他们生命中遇到的一个又一个困难。

阅读他们的人生经历，必然会对我们自己的生活产生影响。我们能够从他们犯过的错误中吸取教训，这要比我们自己从犯错中获得经验安全得多。

回想起我自己的青春，我觉得如果自己能在青少年时期就能遇到一位年长而睿智的人生向导的话，一定会比今天更有出息。所以如果你不能从实际生活中找到这样的导师，你可以在传记中找到，这也会对你有所启发。

2. 通过阅读传记了解到更多的历史

例如，如果你想了解伊丽莎白时代的英国生活是什么样子的，应该阅读伊丽莎白女王的传记；而阅读亚伯拉罕·林肯的传记则可以知道美国早期历史中的丑陋部分。

3. 并不是所有的传记都是其仰慕者所写

阅读传记类时，一定要学会鉴别是什么样的作者写就。很多时候，某个人的传记并非出自他的仰慕者。比如人类病理学家为了研究一下暴君的病态心理，会写一写诸如"希特勒传"之类的传记。因为这些传记作者可能想知道是什么让一个暴君那样行事，是什么让一个特定的人成为那样一个能够毁灭数百万人生命的人，他们是从哪里得到这种恶魔般的力量的。因此，这类作者写的传记作品，可能更像一部人物研究史，也许会更客观冷静地将关注点放在促使人物产生某种行为与言论的原因上。所以，阅读他们的作品会学到如何分析事件与人性。

4. 传记还能帮助你同情他人

传记之所以好看的一个原因是，我们所有人都喜欢看故事！而每个人的生命其实都是一个故事，只不过非凡的人生造就非凡的故事。一部好的传记通常涵盖了人生的整个周期——婴儿、童年、晚年，教育、婚姻、职业、友谊等，直至最后生命的结束，就如同上演了一场从出生到死亡的戏剧。而历史小说家为了使某个人的一生看起来确实波澜起伏，会利用小说的形式来记叙这些已然过去的事实。因此，这种自传体式的小说总写得比现实更激动人心，也更能让读者与传记中的英雄发生情感共鸣。如果英雄遇到磨难，你必然会产生同情心理，当读到英雄的母亲去世时，你也会和他们一样悲痛心碎。

5. 感受另一种自传体作品中蕴藏的个性与情感——书信

现在我们给别人写信多数都是通过电子邮件，因为它们极为便捷。但是这样的邮件一般都太过简短，通常只有几个字，缺乏情感，而且还都是特定的字体与字号，很少能看到个人特点。

但是，你知道吗？在电脑和手机普及之前，人们会手写每一封信。冗长而复杂的信件让我们能立即看到写信人的思想和他们生活中的活动。比如丈夫和妻子间的信件能告诉我们很多关于婚姻生活的事情，也告诉我们那是多么值得珍惜的事情；而作家写给友人的信件则让我们看到作家的内心与现实的生活。在那个年代，没有什么比收到一封手写的信更令人喜悦了，而之后，这一封封信件会被当作珍贵的礼物保存，日后再看时，又会唤起一段美好的回忆。这样的体验我们现在和未来的几代人可能都无法享受到了。所以，这样的信件式自传作品能够使我们学习如何与他人沟通。

最后，再给你一个建议：对同一位人物，你最好阅读两位不同作者所写的传记，这样你就会发现每一部传记的不同信息。它们可以使你对一个人的了解更全面。而两本书中不一致的信息则能使你看到传记中的可疑点，也许这会促使你想要自己尝试着去研究一番。那就意味着你已经开始成为一个"传记作者预备生"了呢。

** 阅读有成果 **

为自己写一部传记！

5年前的今天你在做什么？翻看一下日记后你发现那天正在为朋友庆祝生日。这就是日记的力量——记起过往的日子。它是记录生活历程的最佳工具。

伟大人物的一生被记录下来留给后人看，可是你的一生、我的一生又怎样呢？我们难道不应该留下自己的脚印吗？所以，我们不妨鼓励自己试着写部有关自己的日记或小传记吧，因为：

（1）它可能成为你成年后的无价之宝。

（2）它可以写来给家人阅读和消遣，也可以记载自己最秘密的渴望和抱负。尚未写字的空页是最和善、最乐意听你倾诉的好友，等着你说出想说的话。

（3）日记或自传也可称为"精神手册"，捕捉着我们的思想与感受，让我们在与自己进行心灵对话的同时，审视、反思、认识自己，为自身的完善与成长创造良机。

（4）在写作中，你会发现自己，发现另一个自己，发现一个更为真实的自己，发现自己的局限、偏见、愚昧、丑陋、冷漠、恐惧，发现自己的热情、灵感、勇气、创造力、想象力和独特个性。

需要切记的是，不必成为日记的奴隶，没有必要执意天天写。需要的时候，日记或小自传才是你最好的盟友。

—— 如何阅读历史书 ——

知道学习历史的目的是什么吗？并不是让你非得记住某位皇帝的生日是哪天，或是必须知道所有战役的详情。

学习历史的主要目的是——能让你成为一个大"预言家"！

因为人类虽然存在了千万年，但是人的本性其实没有太大变化，每一代人都会遇到很多相似的问题。比如人们为了财产、资源发起战争，为了爱、责任、正义心甘情愿牺牲自己，为了使生活更有品质，努力不断改进，等等。所以，历史其实更像一部战争史，而涉及生活的历史则是后代们继续更新的参考资料。

如果阅读过的历史史料足够多，无论好坏，我们都能够从那些曾经发生过的事件中总结学习到经验与智慧。因此也才有了那句经典的名言——以史为鉴，可以明心智！

但是，很多同学在阅读历史书籍的过程中，特别容易迷失在细节中，看不到大局。

比如，单纯记住皇帝们的生日或是战争的具体年代是没有任何意义的。你也许应该再想想他们在争夺皇位时正处于哪个年纪，这个年纪的人有哪些特点有助于他们成功，你就可以在你到了那个年纪时知道要做些什么。瞧，这才是学习历史的正确方式。

不过，由于历史的久远，那些逝去的无数个岁月叠加出的事件太过烦琐，你可能需要一些技巧才能让自己像侦探一般，将纷繁杂乱的事件梳理得清清楚楚。这其中包括：

1. 时间轴的横纵对比法

我读历史时最有兴趣研究的一件事就是——同一个时间段里的不同地区都发生了什么？比如当中国正处于明朝时，英国的社会是什么情况？大诗人李白先生诗兴大发地吟诵着"君不见，黄河之水天上来，奔流到海不复回"时，与他同期的外国名人都有谁？你瞧，这样想着就促使我必须要扩大阅读范围才能找到答案。

为此，我常常会同时查看好几本历史书，以做出一份历史事件、人物时间轴。当我将同一个时间段里发生的事情尽量按时间段列出来后，就能一下子直观地看到同一年代中的世界都发生了什么，并且也容易对各种事件进行比较分析。这样看着那些历史时间表时，就感觉自己像站在历史的制高点纵览千百年的人生一般，是不是很有趣？

2. 制作书签式记忆卡片

历史书和小说类读物最大的不同点就在于，前者讲到的很多内容都可以成为日后学习的资料。但是，一本历史书中讲到的事件与重要历史人物又非常多，它们一般又藏身于字里行间，一旦你合上书之后想要再次找到它们，就如同大海捞针一样困难！所以，阅读历史书时，一定要记得制作记忆卡片！

方法很简单。当你看到某个有价值的历史事件或人物时，可以大致将其总结摘录在一张小卡片上，写上书名及页码，然后将这些小卡片收纳在一个盒子中。日后你可以随时抽出一张查看，或与你的同学开展一场历史知识问答赛。

3. 激起历史的涟漪

沿着历史的轨迹,我们可以看到许多从未想到过的人或事,并由此延伸出许多从未做过的事。比如我们阅读了一本与咖啡有关的历史书,可能会希望亲自制作一杯美味的咖啡;读过游戏发展史后,和伙伴们在一起时可玩的种类会更多。现在,就你正坐的这把椅子,你是不是可以找找关于它的历史?它一开始就是这个样子的吗?你身上穿的衣服呢,你知道它们从前的款式吗?以此类推,你会发现我们生活中的每一件物品都是有着悠久的发展历史的。所以,各种历史书籍就如同一个个尘封的宝藏,绝对值得你去细细挖掘。

4. 沿着历史影视剧的轨迹找回失落的历史

很多时候,历史书并不是我们主动想去阅读的书籍,因为它们毕竟不是小说,没有多少精彩跌宕的情节。不过历史并不会就此远离我们,因为大量的影视剧会将历史改编成一个个故事呈现给我们看。但是必须要清楚的是,多数描述历史事件的影视剧并不符合历史事实。比如描绘第二次世界大战期间,德国占领波兰的故事《辛德勒名单》,虽然提供了较为准确的历史背景,但作为娱乐片,它也必然有夸张和虚构的部分;电影《勇敢的心》以及很多清宫电视剧虽然非常吸引人,却根本不是真实的历史。

而这些历史题材的影视剧能起到的作用是激发出我们想要阅读那段历史的兴趣,进而找到真实的历史情节与内容。

不过,你如果确实想深入了解某段历史的话,除了阅读相关书籍外,还可以看一些历史纪录片,它们的可信度与真实性是非常有保障的。因为为了拍出一部准确而好看的纪录片,编剧们需要翻阅大量的历史资料,而这也为你节省了阅读时间,毕竟看一部纪录片一般只需要一个多小时。而且,观看纪录片的另一个好处就是能够让你学会如何将书面信息变成动态视觉信息。

** 阅读有成果 **

写一本关于发饰的变迁历史的书!

步骤指导:

①查阅各个国家关于发饰的内容。

②邀请伙伴们帮你一起查找相关资料。

③研究这些发饰变化的原因,以及这个变化对人民的影响。

④将你查到的资料按着国家、朝代、性别等分类,并按此列出编写大纲。

⑤找一本你喜欢的历史书,模仿其形式与风格开始编写你的这本发饰史。

⑥为你的这本"小书"设计一个漂亮的封面。

⑦想办法让更多的人知道你的这本书。

—— 如何阅读一篇新闻报道 ——

每一个孩子都希望自己能快点变成大人,拥有大人才有的想法,去做只有大人才可以做的事情。其实,只要经常阅读一些成人世界的新闻,你就已经开始接触成人的世界了。所以,可以尝试利用阅读新闻的机会,将自己的阅读范围扩大到那些只有成人才会接触的领域,比如环保、法律、商业以及真正的战争!这些你之前不会想到的内容,都可以为你打开一扇观望成人世界的窗口。你可能会发现有些人看上去普普通通,却会做出非常伟大或是伤害别人的事……

将自己置于陌生的内容与观点中,不仅可以使你能够知道世界正在发生什么,还将帮助你形成自己的思维模式。而我推荐的这些方法将会使你学会如何以不同寻常的方式去看待新闻以及这个世界——

1. 根据你关心的新闻采取行动

阅读新闻中的困难或不幸事件可能会让人感到苦恼与伤心。为了应对这样的情绪,可以尝试将其变成行动。你可以做些志愿服务或收集资源的工作。这是帮助当地社区甚至数千公里之外另一个城市的人的好方法。例如:

有关海边垃圾的新闻故事一定使你感到沮丧,请考虑致力于环保"事业"!是的,谁说孩子不能拥有自己的"事业"?这也将是处理负面情绪的健康方法。

如果你读到某地学校资源匮乏后感到难过,你可以和同学一起为那所学校做些学习用品募集活动,以帮助他们解决问题。

2. 研究报纸以了解它们的偏向性

所有媒体都有自己的观点,它们有时候也并不能事事客观。所以要学会思考新闻的偏向性,注意媒体的宣传目的。但是,不要让这项研究阻止你认真阅读每篇文章。这项练习只是希望你能养成独立思考,进而形成正确判断的习惯。

3. 阅读有关在线媒体资源的"关于我们"部分

通常，知名的新闻媒体都会提供此类信息，它能让读者知道谁支持或拥有该网站或报纸。如果找不到此部分，则可能表明这个新闻媒体正试图隐藏自己的来源，那它的新闻内容的可信度也就值得怀疑了。

4. 在线或在报纸上观察报道的位置

报道的位置可以告诉你当今世界上媒体认为重要或无关紧要的事情。在纸质报纸上，首页放的都是报社认为最重要、最希望你能看到的事情，而背面的那些内容的重要性相对就弱了很多。在电子版的报纸中，编辑们会将最重要的文章放在首页顶部或侧边栏上。所以你可以根据新闻所处的位置判断出当天世界上发生了哪些重要的事，还可以再进一步想一想它为什么是重要的。由此也可以推想一下自己的生活中，当天最重要的"新闻"是什么呢？

5. 花一些时间研究广告

新闻媒体需要钱来维持运转，广告可以帮助它们赚到部分资金。查看一下大多数广告来自何处，并确定广告中代表的组织或公司的类别。有些广告以新闻报道的形式出现，也就是我们俗称的"软广告"，这样的广告很容易误导受众。所以要学会甄别这些"假新闻"。

6. 阅读有关同一主题的多篇文章

从不同的媒体上查找涉及同一主题的文章，认真阅读，以找出不同媒体对于同一事件的观点，并将它们相互比较。因为具有不同观点的人可以用完全不同的方式撰写同类文章。这能让你学习如何从不同的角度看待同一件事、同一个人。

7. 阅读由不同群体的人撰写的文章

多看一些由不同年龄段、性别、职业、国家地区的人撰写的文章，这能让你学会多角度去理解人或事物。

8. 考虑一下记者没有谈论的内容或人物

如果你正在阅读有关环境问题的文章，而该文章仅引用了政府官员的观点，请考虑为什么文章没有涉及任何科学家的言论。是因为该话题仅与政治人物有关，还是记者的文章具有倾向性？

9. 查看不同人群对于一篇文章的各种反馈

网络上的新闻下面都有评论区，你可以去查看一下其他人对这篇文章的观点，这同样会让你看到不同的人对同一事件是怎样理解的。你会看到赞扬、偏见、嘲讽甚至攻击性的言论。尽管这不一定就说明文章本身是否有偏见，但这是发现成人世界有多复杂与矛盾的好方法。这甚至还能帮助你弄清楚这篇文章对谁有帮助，对谁不利。

10. 注意文章的来源

自从自媒体加入新闻行业中后，很多的观点都需要阅读者谨慎对待。因为很多自媒体会为了点击量而刻意使事件带有极强的偏见，所以阅读时一定要知道自己阅读的文章的来源是政府官方、公司或是个体。

不同的来源决定着信息不同的收集渠道，通常只有政府才有机会接触到更高级别的信息源，比如高校、科研机构等；来自公司的信息有时候是该公司为了宣传自己的产品，所以利益偏向性较强；来自个体的信息因为其信息收集渠道比较狭窄，一般多为转载或"小道消息"。虽然有些"小道消息"由于不需要上级领导审查，所以更接近事件真相，但也会由此而出现许多谣言。因此，这些信息对于阅读者的判断力是个非常大的挑战。

总之，在网络新闻泛滥的时代，想要阅读一篇公正、客观的新闻文章，其筛选难度越来越高。所以，我的建议是尽量阅读来自官方机构的文章。

** 阅读有成果 **

新闻阅读小游戏

阅读新闻不仅是我们了解外面世界的一个窗口，还能使我们的眼界更宽广、心胸更开阔、思维更活跃、判断力更敏锐……总之，益处多多。此外，还能为你和你的伙伴们提供许多阅读方面的活动与游戏——

玩法1：

在报纸上找个有趣的新闻故事，将其剪下来，重要的是要按照段落一块一块剪开。然后，打乱次序。要求你的伙伴们将这些段落重新合并成一个完整的故事。

如果一个故事不具有挑战性，那就找两三个故事试试！

玩法2：

和伙伴们一起阅读当地报纸上的简短社论（多找几份，以确保每人一份），并用绿色铅笔画出所有关于事实的描写，再用橙色铅笔把文中的所有观点部分画出来。然后相互对比一下，看看大家画得是否一样。如果不一样，讨论一下各自的理由。一定别吵架哦！

玩法3：

从本地新闻中找找影响你们生活的事情，例如：某地拟建一个购物中心。可以一起评论一下此事的利与弊，比如这一购物中心的出现，其好的方面是方便了人们购物，但弊端则是会出现交通问题。

玩法4：

你们经常看电影对吗？那么现在找到某电影的广告页，和伙伴们一起仔细研究一下广告中的图片或文字，看看那么简短的文字是怎样概况一部长电影的。

玩法5：

让伙伴选择报纸中的某个标题，然后你将其变成一个问题向其提问。之后，你们可以阅读文章来验证一下问题是否得到回答。

玩法6：

每天或每周，定期开个"新闻发布会"，参"会"人员都是"新闻播报员"，把各自感兴趣的新闻事件播报给家人、伙伴听一听，或根据事件发表自己的感想。这样可以培养我们对于生活事件的敏锐性和分析判断力。

玩法7：

观看广告时，请伙伴们想出一个自己喜欢的产品并为其写出标语或广告。

玩法8：

图片总是能够引起各个年龄段孩子的兴趣。剪辑报纸上的各种图片，然后让每个人各抽一张，每个人轮流讲讲自己手中图片的内容。最后对照原文，看看谁讲得最接近报纸上的原文。

玩法9：

准备一个漂亮的专用来收集新闻的本子。专门用以记录、剪贴自己感兴趣的新闻，可以将本子划分成几类，如"大事小事我关注""生活知识我来说""好词好句我积累"等。

玩法10：

每次记得摘记几个从报纸上看到的不熟悉的词汇，从字典中查找这些词的含义，和伙伴们一起试着使用它们。

—— 如何读一本教科书 ——

教科书无论如何都无法与那些使人放松、愉悦的小说及漫画相比较，它们大多时候确实是让人提不起太多的阅读兴趣。你一定曾不止一次发誓说，当你毕业后，永远都不再去碰它们一下！可是，就目前而言，你还得天天和它们打交道。那么，如何才能使这个过程变得让人感觉更好一些呢？这里有7个与教科书友好相处的办法供你参考——

1. 选择随机的伙伴配对

如果独自与教科书相处感觉很无聊的话，为什么不试着给自己找个伙伴呢？也许你会说，我们一个班里那么多同学都是我的伙伴啊。对，他们是，不过，如果你们之间没有太多沟通，那你的这些伙伴就是无效的陪伴，你需要将这些一同坐在屋里的人变成你个人的"轮盘阅读搭档"。

什么意思呢？试想，如果你有一个轮盘机，每一个格子里是一位同学的名字，然后你转动它，当指针停在谁的名字上时，他就是你今天的阅读搭档。这是不是很有趣？

更有意思的是，如果上面的名字是你不太想搭档的人时，你该怎么办呢？是努力克服还是放弃重来？如果你尝试着去克服，那就必须想办法准备一些相关的问题与话题，去重新了解对方，这也是你学习人际交往技能的最佳时机。

2. 建立现实生活中的连接

在阅读材料之前，找一找与书籍相关的背景信息会是特别有帮助的一步。从中，你一定会发现很多有趣的内容。通常最容易将阅读教材与生活联系起来的就是英语，我们发现英语完全可以现学现用。其他课业则善于隐身，你需要花点时间去寻踪觅迹。比如数学这一课业就特别会"捉迷藏"，往往以其他身份出现，不易辨识，比如一座高楼、一个足球场等形式，这就需要你能运用一双慧眼将其找出来！其实整间屋子里都有着它的身影，你看到了吗？

另外，你还可以与朋友聊一聊自己正在看的内容，或者在网上分享一下自己对一本书的想法，等等。总之，记住所读内容的最好方法之一就是找到使用它的机会！

3. 使用外部资源

不要让教科书成为你唯一的知识来源。围绕着它寻找一些其他资源，以使你的课本看起来更加有趣。所以，去找找是否有什么相关的歌曲、视频片段或与该信息相吻合的其他材料。即便学一章几何计算题，你都可以挖掘出诸如谁发现了几何，哪位艺术家的作品全部由几何组成，等等。与你的同学一起分享，你们一定会很难忘的。

4. 合作做笔记

教科书如同一棵大树的主要树干，它还需要其他的枝叶才能成为一棵丰茂的大树。而那些枝叶就需要你们为其添加了，比如围绕教科书而做的各类笔记。

不过对许多学生来说，在课本上做笔记是一个进展缓慢而单调的事。但是，如果大家一起努力完成一份笔记，就会使这项任务变得有趣而令人难忘。你们可以使用网络资源和一个简单易操作的电脑应用程序来完成这份笔记，比如 PPT。这样，你们就可以键入注释，并添加视频和图片。当然，还要记得一定将与实际生活有联系的内容也写上去哦！这样一来，你会发现那本曾经觉得很枯燥的教科书似乎也开始变得有"亲和力"了。

5. 使课本栩栩如生

很多人用看电影来代替阅读，觉得那样又省事又可以让自己感兴趣。但是，你们有没有想过自己根据教科书的内容创建自己的小电影呢？现在的智能手机的功能如此强大，只要有想法，完全可以拍摄与剪辑出自己想要的各种镜头。所以，不妨和伙伴们一起尝试着将某篇文章、某一章节的生物介绍等编拍成一个小电影或科普小视频。这样的过程会使你们拥有更为独特的角度去看待和理解那些课本内容。

6. 使课业变成游戏

你们可能不怎么喜欢阅读教科书，但想办法将其变成游戏呢？在阅读和学习课本时，试着为那些内容找些游戏。比如数学可以有数字游戏、几何搭建游戏；语文和英文可以编排成小戏剧，改写成音乐歌词；将生物课的物种食物链编成扑克牌……怎么样，只要肯想办法！这就如同一件物品，并不会只有一种功能，一只碗也可以变身为小鱼缸、小花盆不是吗？

之后，将这些游戏提供给你的同学们一起玩，不仅可以测试大家所学的知识，还能提升你们对课业内容的学习动力与兴趣。

7. 不需要从前到后一字不落地阅读

我知道不从头到尾阅读课本似乎不太符合我们的阅读习惯以及老师一直以来的要求，但是，我悄悄告诉你，很多时候，教科书的一部分内容确实不需要这样读。当然，这就需要你能从大量的阅读中学会甄别与分类。比如如果你阅读的是某本小说，那就可能要一直读到最后一页时，才能知道所有的秘密。比如你跳过前面的情节不看，直接读最后一页的话，你就根本不明白《哈利·波特》为什么会拥有魔力。

但是，教科书很少在最后几页中形成令人怀疑的转折，它们往往没什么惊喜的结局等着你。所以，你完全可以尝试按以下顺序阅读教科书中的章节——

首先，翻到后面有问题的部分，阅读它们！

然后，尽你所能回答这些问题。

接下来，阅读准备学习的那一章的摘要，它们是整章内容的自我简介，也节省你的时间，让你能够很快了解它们都是什么。

之后，阅读整章内容。从这时起，你就可以从头到尾浏览那一章节。你的大脑会在阅读过程中不自觉地想要找出刚才那些问题的正确答案。

通过采取这种无序的策略，你将不再关注书页的顺序，而是围绕着章节找到的想法进行阅读，这比按页码一页页读下去重要得多。

** 阅读有成果 **

课本也很有想象力！

挑选一本教科书,翻到第8页,然后在页面上找到第8句。从这句话开始,写一首每行都由5个字组成的五言诗,最好能与你正在进行的一件事联系起来。比如你正在听一首音乐,那么就让它与这首音乐有关联,或将这首诗写成一首有故事情节的诗。

—— 如何读一本无聊的书 ——

很多时候,即使是注意力很集中的读者也可能会遇到特别难读懂的书。但是,如果能够完整地读完它们,你就能够从中得到最重要的东西——知识!

此外,你硬逼着自己读完那本难啃的书,难道不也是对自律性的一种锻炼吗?要知道生活中总会遇到你不得不去做的事,如果你能经常强迫自己读完那些不得不去读的书,相信你今后也一定能够克服其他更大的困难!

不过,毕竟是本"难啃的书",在阅读前你也许需要一些帮助。下面这些小技巧就是一些不错的选择,请耐心读完它们。

1. 为阅读创建明确目标

我在前文曾说过,做事如果有了明确的目标将更容易成功。阅读也是如此,不知你是否去实践过。但这真的是非常有效的一招!制定阅读目标确实可以提高"硬骨头"书的完成率。所以,现在就开始将你正在读的那本"硬骨头"书分成数量相当的页数或章节,然后提醒自己"今天只读这本书的10页,它看起来也不是很多,应该能轻松读完!"这样的自我激励将会使你保持阅读的动力。

2. 布置看得见的阅读休息点

分配好准备阅读的页数或章节后，在每一个章节的结尾处放置一个书签。这样一来，你就可以在翻动每一页时看到终点在哪里。当书页越来越接近那个有形的目标点时，你就越有动力能够坚持着一口气读过去……

3. 减少或消除干扰

一本无聊的书可能会诱使你不断地伸手去拿起手机，翻看社交媒体或娱乐新闻。但是，像这样分散注意力的行为只会使阅读变得更加困难。所以，不要屈服于诱惑！找一个不会被打扰的安静地方，尝试关闭手机或使其静音，关上电视机，远离电脑。如果你找不到安静的空间，请在阅读时戴上耳机，选择舒缓而又乐观的背景音乐，如钢琴、吉他等纯音乐，这样将有助于你集中注意力。

4. "翻译"原文

这里所说的"翻译"可不是让你译成英文或其他外国语，而是用你自己的语言将看过的内容重新说一遍，即翻译成你的日常用语。它有些类似你读完一个故事后，再将其转述给朋友时，你肯定不会把原文背一遍，你只是根据自己的理解将那个故事重新编辑后再讲一遍，但是这样的讲述其实就已经是"翻译"成你自己的语言了。这一点可以确保你不会"阅后即忘"！用自己熟悉的语言解释某一事物，当然会更容易理解与记忆。

5. 强迫大脑努力干活

每读完一部分，就问问自己："我从这段文字中学到了什么？"然后你的大脑会自动为你整理答案。你的提问对大脑而言就如同是在敲门，促使大脑过来给你开启答案的大门。当然，你可以再问大脑任意问题,比如"下一段我希望能看到些……内容!"这样等于是提前给大脑分配了一项搜索寻找的任务,它会带着你的问题看下去。

6. 必须要让书籍投资有所收益

一本书没有读完就扔在一边任其落满灰尘,这样的做法本质上就是在浪费金钱,会使你的投资回报率为零。所以,赶紧去灰尘堆里把那些还没有读完的书都拯救出来吧,让你的知识投资有所获益。

7. 奖励自己

如果你真的啃完了那本"硬骨头",当然要大肆奖励自己一番!准备些喜欢的东西犒劳一下自己吧,毕竟"啃读"那么难的书也是非常耗费体力和脑力的,为什么不值得奖励呢?

** 阅读有成果 **

画一幅名为《世界上最难读的书》的大作!

如果将这本难啃的书看成一个实物的话,你愿意将其想象成什么模样呢?将它画出来怎么样?尽情地发挥你的想象,用最有代表性的颜色来突出它!然后将它上传到你的社交媒体中,请朋友们猜测你画的是哪本书。当然,你需要为他们列几个选项以供选择。

第八章

如何做阅读笔记

—— 为什么做阅读笔记？——

你还记得自己上周一吃的午餐吗？我打赌你记不住。要知道吃对我们是多么重要的事啊！既然如此，你如何能记得住自己上周看过的书中的内容呢？

但是，如果你将上周一的午餐记录在了本子上呢？同样，如果你能为自己读过的书做些记录，将其中的重点和有趣的细节以及当时看到某句忽然想到的东西，用自己喜欢的方式呈现在笔记本上后，它们总是会在不期然间忽然跳出来给予你以极大的支持与帮助！

研究表明，把事情写下来能帮助我们更准确地记住它们，因为这个简单的行为能使大脑中含氧血液流向有助于提高记忆力的区域。也就是说，你写的东西越多，你的大脑对所写东西的记忆就会越深刻。美国普林斯顿大学（Princeton）和加州大学洛杉矶分校（UCLA）的研究人员发现，当学生手写笔记时，会更容易识别出重要的概念及内容。这是因为手写笔记的方式使得大脑参与了更多的诸如一笔一画写出字形、排列工整等文字处理的工作，所以记录下来的内容都是经由大脑的提炼与加工才得出的,因此比用电脑进行无意识抄写能记住更多的信息。

瞧,这就是老师们天天唠叨你们的那句"好记性,不如烂笔头"的科学解释。

但如果我们因为没有做记录的习惯而从未将它们写下来,那么,这些想法或感觉就会从我们的脑海中完全消失。

所以,永远不要轻视这些零碎积累起来的知识!也永远不要忽略阅读笔记的诸多益处!因为我们记笔记的主要目的是对阅读过的内容进行分析与总结,由此使自己的知识与认知获得更好的提升。此外,写阅读笔记还有许多别的好处呢。

1. 可以与书籍互动

阅读笔记其实就是读者与书籍之间展开互动的桥梁,可以增强读者对正在阅读的材料的参与度。也就是说,作者通过书籍这个媒介一直在向你宣讲着什么,而你会对他/她所说的内容做出反应,只不过你们之间都是在用文字交流而已。

2. 增强记忆力

当你知道一会要做记录时,你的阅读过程就会不自觉地趋向于边看边分析,对于文字段落的描述更为关注,这对阅读理解能力和记忆力的提高是极有帮助的。那些有用信息被摘录总结出来之后,不仅便于日后查阅,也能帮助你轻松地回忆整本书的内容及重点。

3. 能缓解压力

当你的全部身心集中于笔下正在记录的内容时,脑子里的那些零七碎八的事情会忽然间神奇地消失不见!所以我们常说,如果你不快乐时就去阅读去做笔记吧,它们可以将你的负面情绪驱除殆尽。

4. 创建高质量的参考资料

如果你想在某个领域里成为一名"小博士",为阅读做笔记将帮你更快地实现这一梦想。想想吧,比如你已经有了10本关于自然方面的阅读笔记,你对自然的了解必然多于别人!而且,这些阅读笔记也是你阅读生涯中的一笔可以引以为傲的财富。

5. 可以与朋友分享或炫耀你的笔记

尽管阅读的目的是为了自我提升,但是当你向其他人展示一本本阅读笔记本时,必然会受到对方的称赞。这个时候你心里自然会暗暗得意一会儿,不是吗?

此外,也许你不会想到,有质量、有积累的笔记不仅可以帮助你建立一个强大的知识宝库,还可以帮助别人改变他们的生活。

比如某位同学因为看到你那一本本阅读笔记后,心生羡慕,并由此决定也这么做;或者你和朋友准备一起做个标本,他还可以参考你的笔记以便跟上进度……总之,能够因为自己的笔记而对他人产生影响的话,将使你的阅读兴趣愈加浓厚。

6. 提高你做任何事情的质量

记笔记能帮助你改进每一个课业、每一个爱好和你参与的每一件事。因为除了从阅读中获得知识外,你还能从写阅读笔记这一过程中逐渐养成注重细节、善于分析与总结、更为耐心等良好的行为习惯,而这些也必然会作用到你的生活与学习中。

回顾:

阅读时做笔记有哪些好处?

如何做阅读笔记？

首先我们要知道阅读笔记与课业笔记是不同的。课业笔记因为涉及考试，所以它记录的大部分知识点都是需要强记硬背，就是你"必须"要记住或理解它们。而阅读笔记则是为了丰富自己的知识广度，所以无论是记录的内容还是记录的方式都可以更自由些。但我们记笔记的最终目的也还是能更好地提高自己。

既然为阅读做笔记是真正的有益无害，那我们就来了解一下阅读笔记到底该如何做吧。

技巧1：笔记还是手写的更理想

尽管电脑的海量存储空间可以为我们节省无数个纸质笔记本，但是，我在前文也已经为笔记本们说了种种好话，你还记得吗？所以，关于做阅读笔记这件事，我还是强烈建议你一定要毫不犹豫地用纸质笔记本来完成吧。

纸质笔记查找起来更方便！关于这一点，相信所有使用电脑写东西的人都深有体会。电脑看似拥有超强的搜索功能，但前提是你必须要在一大堆长得几乎一模一样的文件夹中找到那一篇文章，尤其是好几年前的笔记，就更不容易找了。那个寻找的过程，简直如同大海捞针一般既耗时又辛苦！而纸质笔记本就不一样了，它们长得各有千秋，我们单凭着本子的形状和颜色就能想到，哦，那本写着动物笔记的本子是个绿色的皮面本子，那个古诗摘抄本是个红色的线装本……

而且文本页在电脑屏幕上一次只呈现一张,想要一下子看到其中某页内容只能上下滚动,不能像纸页那样翻着后面的同时,还可以再瞟两眼前面的内容。固定的行数、不变的版式,都对我们的记忆力有帮助。另外,翻看一本纸质笔记本,即使再厚,也就是几下翻页的时间,很快就能翻找出自己想要的内容。

技巧2:再创作式记笔记

虽然我们也经常用摘抄书中原句的办法来完成阅读笔记,但是复制他人的言论不能算是真正地做笔记,只有当你想直接引用作者原话时才合适。

真正的阅读笔记是必须要用自己的语言对所读内容进行解释和总结,这样你才会记住更多的信息。因为,用自己的话做笔记时,你将被迫思考文本中提出的想法以及如何连贯地组织和解释它们。因此,记笔记的过程将帮助你保留、分析、思考并最终记住你所阅读的内容。

技巧3:创建自己的生词小手册

当你遇到不熟悉的字词或短语时,将其添加到个人新词语表中,可以扩大你的词汇量。只需要准备一个专门记录词汇的小本子就可以。不过一定记得注明书名和页码,以便于你随时查找原文哦。

回顾:

你在做阅读笔记时还有哪些好方法?

第八章 如何做阅读笔记

—— 你需要学习的5种做笔记的方法 ——

既然我们已经知道了做阅读笔记确实可以极大地提高我们的阅读效率，那么你知道做笔记的方法有多少种吗？实际上，有各种各样迷人的方法，这些方法都旨在使你学得更好，让你更聪明。下面是几种比较流行的做笔记的方法。

1. 康奈尔法

康奈尔笔记法是记笔记方法中较为经典的一个，它是康奈尔大学的一位名叫Walter Pauk的教育教授早在20世纪40年代开发的。

这种记笔记的方法很简单，就是将一页纸分成三部分：左边四分之一左右（线索提示栏）、下方五分之一左右的空间（总结栏）和右边最大的空间（笔记栏）。

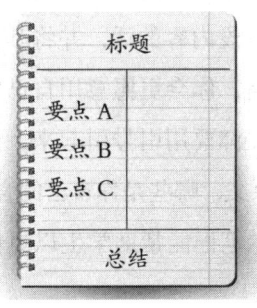

这三个部分各有分工，其中：

（1）使用右侧书写主要内容。

右边最大的空间用来记录你从书中看到的重点，注意要言简意赅，千万别把整本书都抄下来哦！

（2）使用左侧写评论。

左边竖栏内用来归纳右边所写的内容。有限的小空间只需要你写一些提纲类的文字，比如小标题、关键词等。不过，这些可以在你阅读之后整理笔记时去完成，不仅可以督促自己，在阅读告一段落时也能回忆起之前所读的内容。

而在做笔记时，由于我们读过的文字都会在心里形成一些自我的印象，所以只需要将自己对那段内容的想法如实地写出来就可以。因为是个人的阅读笔记，不需要交给老师或家长去批阅，所以你可以随意想、随意写，只要有助于你记住这些内容就达到了目的。

（3）使用下侧总结和解释内容。

下面那横着的一栏是用来做总结的，只有两三行的空间，意味着你必须要学会用一两句话为自己刚读完的文字做一个评论。

如果你还属于记笔记的"菜鸟"，那么我建议你可以先从提炼段落中的关键句开始。也就是每读完一个段落，都尝试着找出该段落中你认为最能代表那一段内容的话，并将其抄下来。日后，随着你做笔记的能力逐渐提高，你会更愿意用自己的话去总结概括。不过记住，所有摘抄的原文都要用引号引起来，并附上页码，以方便日后能一眼看出哪些是原文，哪些是你自己的言论。

研究表明，康奈尔笔记能帮助学生以更快的速度吸收书本所提供的信息。你不妨一试！

2. 画流程图做阅读笔记法

如果你阅读的内容需要显示过程或时间的变化，那么使用流程图式的笔记最合适，比如我之前说过的历史时间轴式的笔记。

只需要将步骤一一列在方框中，你就可以直观地看出文章中所描述的过程或时间的变迁,然后将这些顺序用带箭头的符号加以连接,就得到了一份清晰而简洁的读书笔记。

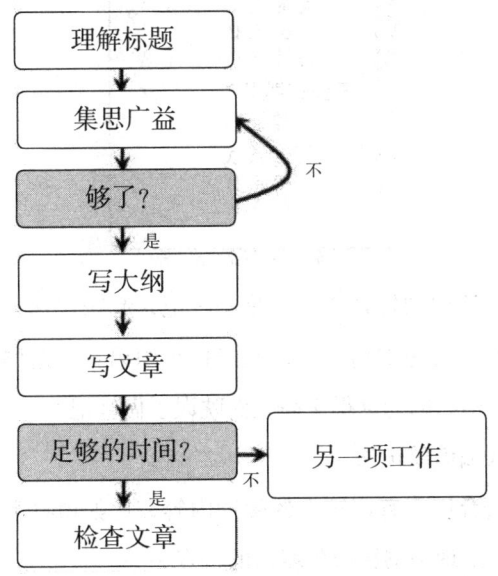

3. 主题式阅读笔记法

这是一种非常简单的大纲式笔记。你只需要为书中的内容总结出一个主要主题,然后再将一个个子主题添进该主题的下方即可。不过,你所列的这些子主题一定要能够起到进一步支持主要主题的作用。

这其实很像为一本书罗列目录,只不过你的这个目录更为具体。不过,还是要记得将原文的实际页码标注出来,以便于日后查阅。

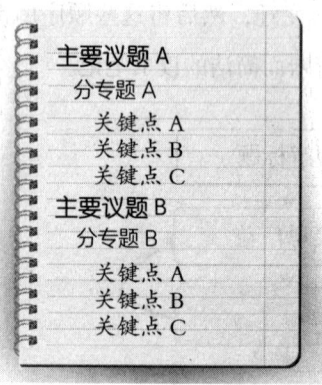

这种阅读笔记的好处之一即是——记录起来快速且简便!你不必花很多时间去考虑如何写,以及怎样组织语言。这样有助于你阅读的连贯性,不必因为读得正高兴而耽误了做笔记。

4. 表格式阅读笔记法

表格最适合用于有比较性的阅读内容,比如植物类书籍中植物的四季变化、地理类书籍中各城市的特点……

因为表格能够帮助我们将内容分门别类地梳理、罗列出来,显得条理清晰且一目了然。如下图,它的视觉效果也很吸引人,同时也易于查看和理解。

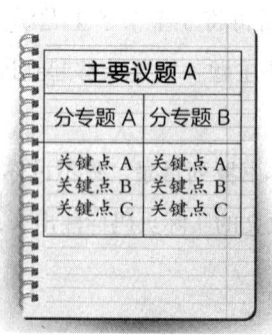

5. 装箱法

如你所见，下面图中的整个页面充满了方框，如同一个个盒子！而盒子内部都是相互有关联的内容。你可以根据需要，按主题或副主题划分这些盒子。

这种记笔记的优点也是简单且一目了然。另外这种笔记还能锻炼你的组织归纳能力，因为你需要将书中的同类内容归纳在一起才能放入相同的"盒子"里，不是吗？所以你可以先专注于一个方框，然后再移至另一个方框。

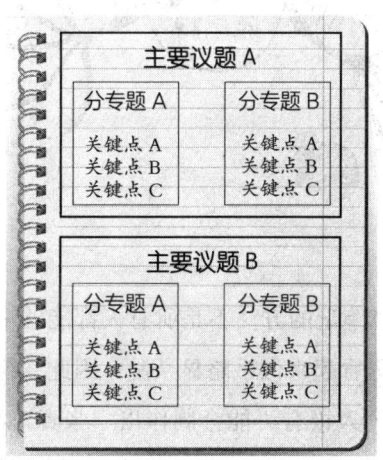

6. 思维导图笔记法

制作思维导图是目前特别流行的一种做笔记的方法。如下图所示，它看起来就是一张树形图，但是这张图上的内容却是大脑思维的可视化呈现。如果再给这张图涂上漂亮的颜色，那么它在视觉上也更具吸引力。不仅如此，它的最大优势就是你可以使各个分枝之间都能产生有趣的联系。

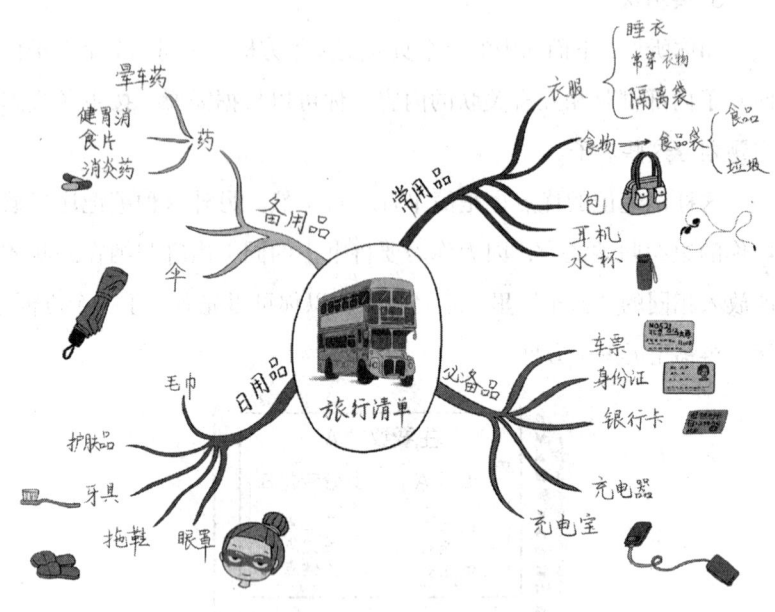

不过,这种做笔记的方法不是所有人都能够一下子掌握的。由于思维导图的结构看起来似乎略显杂乱,因此,组织性较差以及视觉协调能力较弱的人极有可能会制作出一张真正混乱的思维导图。所以,对于思维导图笔记的制作方法我会在下文详细讲解。

以上这6种做笔记的方法希望已经使你获得了启发。不过请记住,你不应该只使用其中一种方法做笔记,每一种方法都有自己独特的优势,你可以根据自己所阅读的内容来选择适合自己的方法。

例如,在上课时先使用列主题的笔记方法简单做记录,然后再使用其他几种类型重新构建你的笔记。这样不仅可以获得更好的视觉效果，还能使你有机会回顾书中的内容，让记忆更深刻。

小小提示：

当你第一次开始做笔记时，你最容易出现的两种情况：有时做的太多，而有时又只写了一点点。还会遇到的一个问题是，当你重新阅读自己的笔记时，却发现根本不清楚写的是什么，或者看不出哪个是自己的意见，哪个是作者的意见。所以，当你开始做阅读笔记时，最好将每一个材料的来源记清楚。比如：

①提及书籍时，请记录作者的姓名、出版日期、书籍的标题、相关的页码、出版者的名称和出版地。

②如果是从杂志或报纸上摘录的内容，请记录文章作者的姓名、出版日期、文章名称、出版物名称、出版物编号和页码。

③当引用自互联网资源时，要将网址以及访问该信息的日期写下来。这些都有助于你日后可以方便快捷地找到原文。

回访笔记：

记完笔记后如果能在几天内再去看一看，将对你的阅读记忆起到至关重要的作用！这也是我自己的切身体会。

我喜欢在阅读时做些笔记，但有时候因为工作忙也会让笔记们在角落里沉睡很久。可是，某一天突然拿起它们并且再重新翻阅时，却发现对那本读过的书的记忆已经有些模糊了。很多记过的重点几乎根本想不起原文是如何讲的。不过，幸好笔记中的知识点写得比较清晰，再对照着原文细细研读一番后，还是找回了一部分记忆。

回顾：

请用上面的方法各做一份阅读笔记，体验各自的不同。

——让你有机会发现更广阔世界的笔记——思维导图——

我们阅读和思考的速度是飞快的，每次阅读的过程中总会因为某些内容而忽然萌生出某个想法，这即是灵感！所以，阅读的重要一点即是通过它可以激发出我们无限创造性的想法，不过前提是，你必须先将这一想法完好地保留下来。

但是很多时候，我们又往往容易任其随意萌发，再任其悄然流逝。也就是说，如果当时没有将这一灵感快速记录下来的话，它也就在大脑里停留不到一分钟，之后便消失得无影无踪。

可是，如果想认真用文字将其完整记下来时，却又发现拿起笔组织文字的过程中，那些灵感也寥寥无几了。所以，我们在阅读时需要用到一种能够快速而全面捕捉灵感的方法。而思维导图式正是一个帮你捕捉想法与灵感，并将其以视觉形式带入生活的好工具。

在右图中是一张简单的阅读思维导图。从图中可以看出这样的笔记文字少，一整本书或一页内容仅仅由各种有趣的小图画组成即可。而这样的笔记最有意思的一点即是它除了可以归纳记录我们的阅读重点外，还能延伸出无数个书本之外的好想法。这也就是阅读的最高境界——使你已有的知识相互间产生联系而得以重组成全新的创造性的思维！

比如我在阅读有关季节与水果的文章时，为了能直观看到每个季节的主要水果，决定画一张简单的季节性水果的呈现图。

神经元的结构

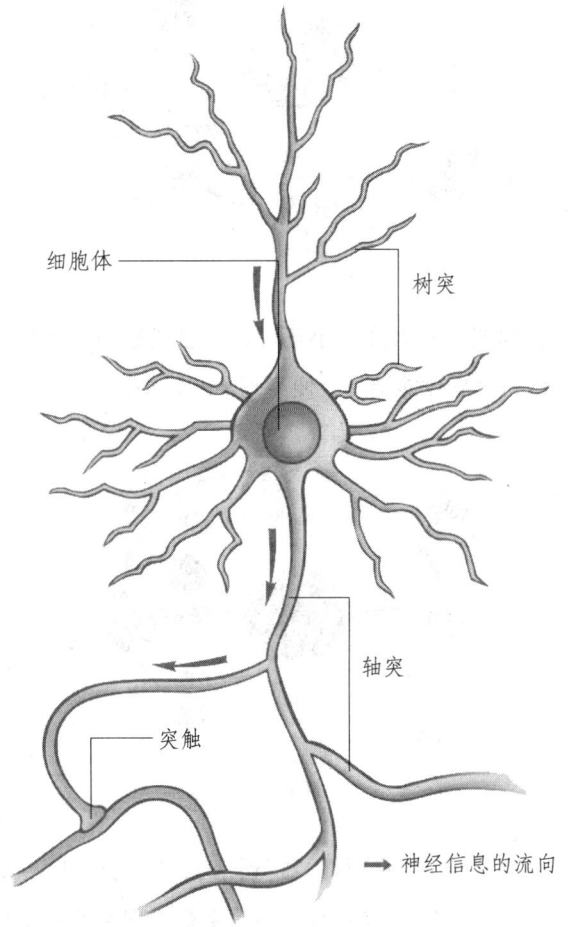

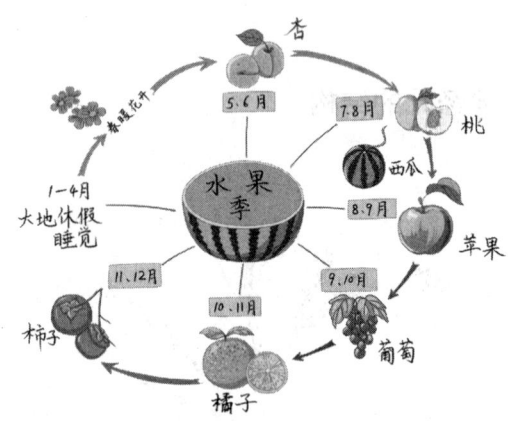

但是，看到图中春天开出小花时，我忽然想到水果的花朵都是需要小蜜蜂传粉之后才能结果，便又画了一只小蜜蜂。

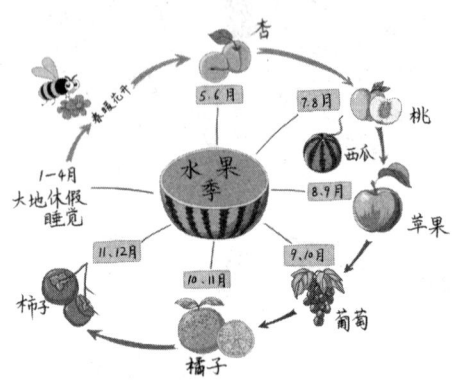

可是，当我再次审视这幅思维导图时，突然想到，"如果没有了小蜜蜂"会怎样？因为以前看过一篇文章说现在的小蜜蜂的数量正在逐年减少……顿时发现，如果世界上没有了蜜蜂，植物不能传粉结果，那我们人类很可能会饿肚子了，这是涉及环境保护的大问

题了！！

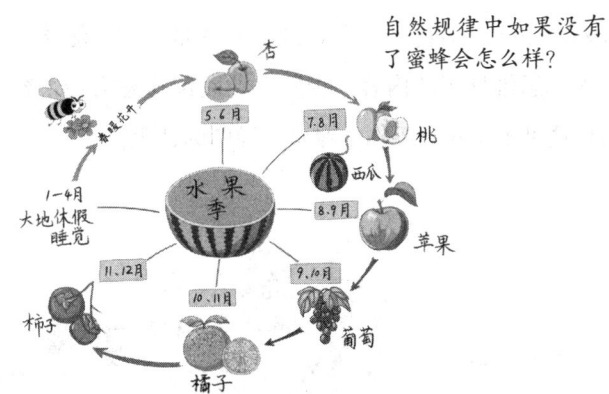

瞧！通过绘制思维导图，我从一开始的水果跳转到了蜜蜂，又从蜜蜂跨到了环境保护，并就此想要找找蜜蜂减少的原因以及解决问题的方法，这也就是创造力开始发挥作用的时候了。

所以，通过思维导图不仅可以将书中你认为有价值的内容记录下来。此外，它还能够调用我们的多边知识储备很快建立与现有思想相关联的新链接，这样也可以确保我们发展出更现实、更可行的想法，比如我就准备找一找蜜蜂减少的原因，而这也是切合实际的一步。

所以，思维导图能够帮助我们增强辐射思维，并确保我们将不同的想法结合在一起，以提出一个非常独特，也便于实施的想法。

不过，在你尝试着绘制一张思维导图阅读笔记时，我有几个小建议：

1. 随心而画

"不要把精力放在画画上"，它不是你做笔记的重点。只需画出你觉得能够理解自己笔记的图像即可。我不是艺术家，当别人取笑我笔记中那些被我画得愁眉苦脸的小人时,我会热心地加入他们的行列,一起嘲笑自己一番。最重要的是——你能够通过它们很好地展现你思维导图的内容。否则你的阅读注意力会很容易被画画所转移!这可不是我介绍你学习思维导图的初衷。

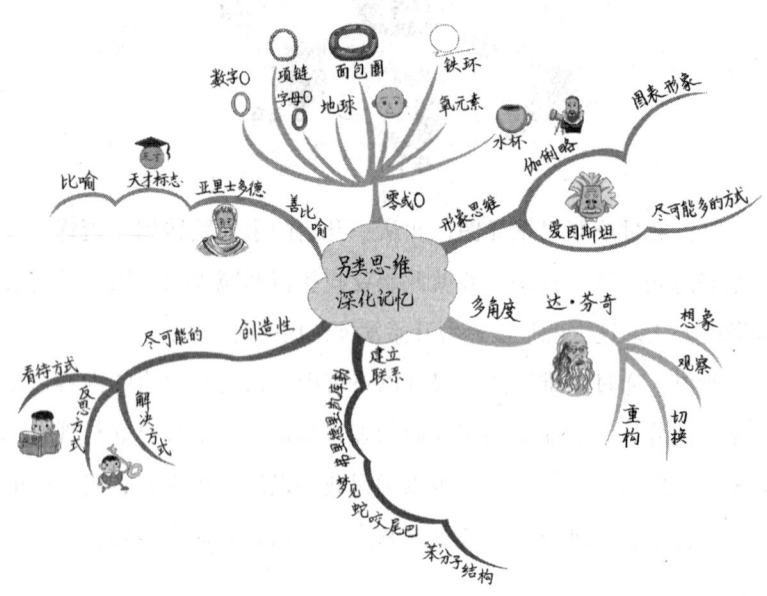

2. 从哪里开始?

(1)创建一个中心思想。

通常来讲,思维导图都是从一张白纸的中间开始,我建议你使用横的页面。在那里写下或画出你想要探索的主题(如果能有一个代表思维导图主题的图像就更好了,这能吸引注意力并引发联想,因为我们的大脑对视觉刺激的反应更好)。

（2）围绕中心主题展开相关的子主题，用一条线将每个子主题与中心连接起来。

让你的创造力流动起来的下一步就是添加分支。通过添加分支，你可以更深入地探索每个子主题。

思维导图的美妙之处在于，你可以不断地添加新的分支，而不仅仅局限于几个选项。记住，当你添加更多的想法时，你的思维导图的结构会自然形成，你的大脑会从不同的概念中自由地提取新的关联。

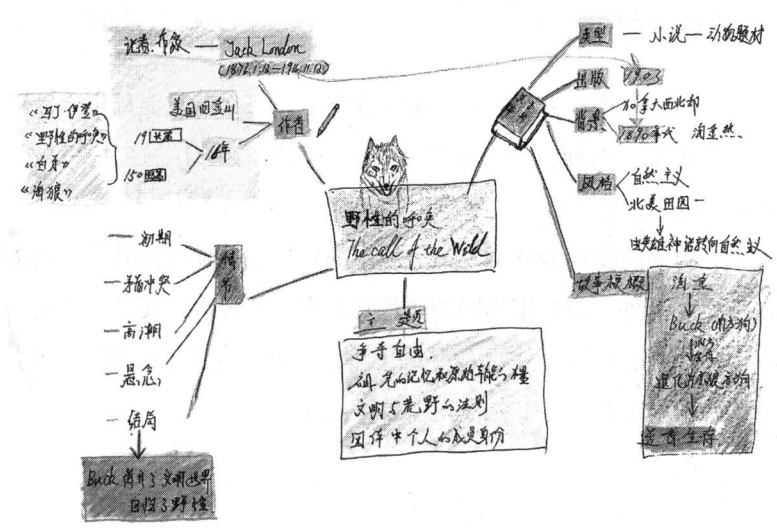

（3）为最靠近中心的元素拟定标题——关键字。

当你在思维导图中添加一个分支时，需要包含一个关键的想法。思维导图的一个重要原则是每个分支使用一个词。与使用多个单词或短语相比，坚持使用一个单词会激发更多的联想。

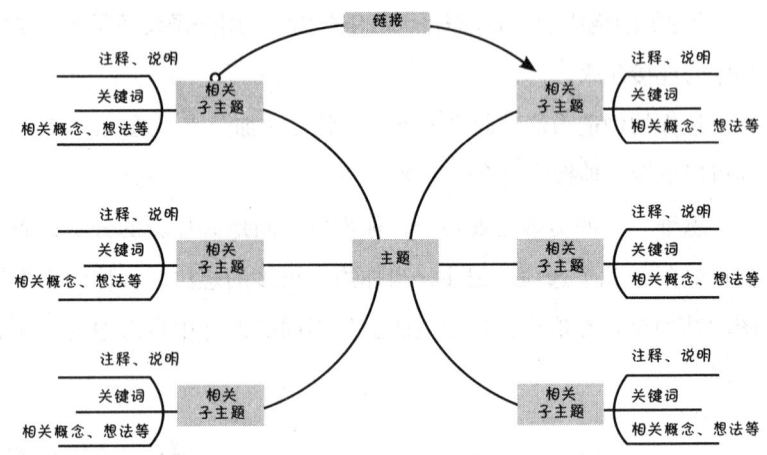

例如,你将"生日派对"添在分支上,那么就只能局限于派对的各个方面。然而,如果你只是简单地使用"生日"这个关键字,可扩展的内容就会更为广泛。

关键词的使用能够触发你大脑中的连接,让你挖掘并记住更多的信息。另外,最好用不同的颜色突出它们的位置,便于一眼看到重点。之后,再在子主题的基础上生成你认为合适的低级子主题,将每个子主题连接到相应的子主题。

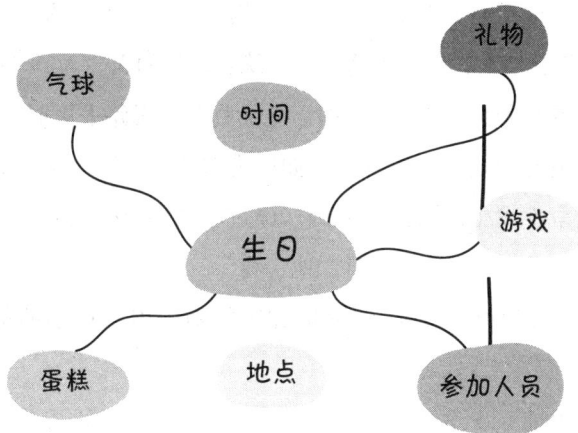

3. 学会提炼关键词

思维导图笔记的重点是从大段文字中找到重点与概括性的词汇，所以，不要认为将整段整段的文字分解在笔记本的各个角落就是思维导图。

关键词的提炼要点是简洁、明确、一目了然。

现在我们就来做一个小练习，看看你的总结、归纳能力有多强。

请你将下面句中的关键词提炼出来：

承重墙是建筑物抗震的重要结构体。

关键词是：_____

答案：

提炼精确的关键词是：承重墙、抗震、结构体

提炼无效的关键词是：承重墙、抗震的重要结构体

关键词的提炼方法：

提炼是一种重要的阅读概括方法。通过它可以唤起你对更多知识的记忆，所以是一把知识库的钥匙。此外，提炼关键词还能让自

己的归类能力得到充分锻炼。一个善于提炼关键元素的人，生活中也必然是个头脑清晰，做事不拖沓、干练、简洁的人。

关键词要围绕着"人、事、时、地、物"的思路去提取。当然，不同课业的关键词是不一样的。例如历史课业中，历史事件的重点应该是历史事件发生的时间、原因、经过、结果等。以此来提取关键词，依然离不开"人、事、时、地、物"。

一个准确的关键短语能够帮助你很好地引申出更多的信息和想法。

如果你想进一步学习绘制思维导图的技巧，那我推荐你阅读我写的另一本书《思维导图——笔记整理术》。这本书中非常详细地介绍了绘制思维导图的各种方法，它会使你的阅读与课堂笔记变得非同一般哦！

回顾：

为你正在看的一篇文章制作思维导图。

年终阅读总结表

1. 统计一下,你今年一共阅读了几本书?
2. 你对自己今年的阅读量有何感想?
3. 今年读的书里,你最喜欢哪本/哪一类书?为什么?
4. 明年你计划读哪一类书?哪个作者的书?
5. 你从今年的阅读中获得了什么?
6. 你今年一共组织过多少次阅读活动?
7. 明年你准备开展哪些阅读活动?
8. 你通常喜欢在哪里读书?(如学校、书店、家里、图书馆)为什么?
9. 当你在阅读过程中遇到不认识的字时,你是怎么做的?
10. 你觉得自己是个喜欢读书的人吗?为什么?

推荐名著

《柳林风声》　　　　《夏洛特的网》
《古希腊神话与传说》　《安妮日记》
《绿山墙的安妮》　　　《丁丁历险记》
《哈利·波特》　　　　《三毛流浪记》
《西游记》　　　　　　《格列佛游记》
《聊斋志异》　　　　　《福尔摩斯探案全集》
《昆虫记》　　　　　　《我的野生动物朋友》
《木偶奇遇记》　　　　《八十天环游地球》
《红楼梦》　　　　　　《万物简史》
《唐诗三百首》　　　　《爱丽丝奇遇记》
《宋词选》　　　　　　《纳尼亚传奇》
《森林报》
《长袜子皮皮》
《小飞人卡尔松》